いじめの構造
なぜ人が怪物になるのか

内藤朝雄

講談社現代新書

1984

はじめに

逃げることができない出口なしの世界は、恐怖である。そこでは、誰かが誰かの運命を容易に左右し、暗転させることができる。立場の弱い者は、「何をされるか」と過剰に警戒し、硬直し、つねに相手の顔色をうかがっていなければならない。
そして、自分が悪意のターゲットにされたときの絶望。

いじめは、学校の生徒たちだけの問題ではない。昔から今まで、ありとあらゆる社会で、人類は、このはらわたがねじれるような現象に苦しんできた。本書では、人間が人間にとっての怪物になる心理‐社会的メカニズムである、**普遍的な現象としてのいじめ**に取り組む。

本書は、学校のいじめについて、分析を行い、「なぜいじめが起こるのか」について、いじめの構造とシステムを見出そうとする試みの書である。

以下に各章の内容を説明する。

第1章「『自分たちなり』の小社会」では、学校という狭い空間に閉じこめられて生きる生徒たちの、独特の心理‐社会的な秩序（群生秩序《ぐんせいちつじょ》）を、いじめの事例から浮き彫りにする。

第2章「いじめの秩序のメカニズム」、第3章「『癒し』としてのいじめ」では、他者を思いどおりにせずにはおれない「全能」や、他者に侵入して自己を生きる「投影同一化」が織り込まれた、閉鎖的な小社会の秩序のメカニズムを明らかにする。

第4章「利害と全能の政治空間」では、第2章・第3章で論じた「おぞましいゆがんだ情念」の秩序が、「利害」の秩序とむすびついて、現実の「生きがたい」政治空間を生み出すメカニズムを明らかにする。

第5章「学校制度がおよぼす効果」では、生徒たちを閉鎖空間に閉じこめて強制的にベタベタさせる学校制度の効果として、右記の心理‐社会的な秩序が蔓延《まんえん》し、エスカレートするメカニズムを論じる。そして、それをどのようにブロックできるかを考える。

第6章「あらたな教育制度」では、前章までで問題にしてきた「生きがたい」心理‐社会的な秩序をなくしていくための政策提言を行う。

第7章「中間集団全体主義」では、本書全体の議論をふまえて、「中間集団全体主義」

という あらたな全体主義の問題を指摘し、論じる。

筆者が研究してきた成果を語ることで、いじめの問題に関心を持つすべての人に、少しでも役立つことができれば幸いである。

引用文献は本文中に示した。参考文献については拙著『いじめの社会理論』(柏書房)をご覧いただきたい。

目次

第2章　いじめの秩序のメカニズム　53

第1章　「自分たちなり」の小社会

1――識者たちの愚かな発言

矛盾しあう「いじめの原因論」

いじめは一九八〇年代半ばに、いじめ自殺事件の報道ブームをきっかけにして、はじめて社会問題になった。それから現在まで、そのときどきのいじめ自殺事件をきっかけにして、周期的にいじめ報道ブームが起きてきた。忘却期にはベタ記事にもならないいじめ自殺が、マス・メディアが報道スクラムをはじめる流行時には、連日大々的に報道される。自殺した生徒の「哀れさ」をいわば御輿《みこし》のご神体にして、いじめ報道祭りが繰り返されることによって、人々はいじめを「悪」として問題視するようになった。

さて、こういった「祭り」が起きると、識者と呼ばれる人たちに、マス・メディアや政府系諮問《しもん》会議などで発言するチャンスがばらまかれる。彼らは流行の後には忘れられるが、あらたな報道ブームで流行が戻ってくると、あいかわらず同じ内容の発言を繰り返す。識者たちは、いじめの原因や背景として、数十年ほぼ変わらない「近ごろの青少年」についての紋切り型発言を繰り返してきた。これを、一般の人々と政策決定に関わる人々の双方が信じてしまう。

まず、これまで識者たちが世に流布《るふ》してきた、いじめの原因論を列挙してみよう。

①ゆとりのない受験競争や詰め込み教育が子どもの心をむしばんでいる。

②勉学で「身を立てる」という目的意識が希薄化し、学校で勉強する意欲が低下し、だらだらして、授業が成立しづらくなった。

＊

③学校の過剰な管理。

④学校秩序のゆるみ。規範意識の希薄化。

＊

⑤何をやっても許されるという欲望の自然主義。あるいは、青少年の「おれさま」化。個が突出して強すぎる。

⑥いつも他人の目を気にして、自分でやりたいようにできない、個の脆弱《ぜいじゃく》化。

＊

⑦家族の人間関係の希薄化（あるいは愛の欠如）。

⑧少子化・核家族化などによる家族の濃密化（あるいは愛の過剰）。

＊

⑨学校や地域社会の共同性の解体と、都市化に伴う市民社会や消費社会の論理の侵入。
⑩学校や地域の共同体的しめつけと、市民社会の論理の排除。

＊

⑪子どもの生活のすべてを覆《おお》い尽くす、学校の過剰な重み。学校に囲い込まれた人間関係の濃密化。過剰な同質性への圧力。
⑫青少年の対人関係の希薄化。

＊

⑬「近ごろ」の若い人は幼児化した。精神的に未熟になった。欲求不満耐性が欠如し、我慢をすることができなくなった。
⑭仲間内の集団力学や強者のやりたい放題には、はいつくばって我慢するか、大人びたやり方で、顔色をうかがって、うまくたちまわる。子ども社会が大人と変わらない狡猾《こうかつ》さにみちた「世間」と化して、「純真な子どもらしさ」が消滅した。

＊

⑮マス・メディアや電子ゲームの露骨な暴力描写や、嗜虐《しぎゃく》を売り物にするお笑い番組の流行（ヴァーチャルに暴力を学習したから）。
⑯暴力や死が社会から隔離されて子どもの目に触れなくなったり、周囲が甘やかして暴力

を体験できなくなったりしたため、「けんかのしかた」や「他者の痛み」がわからなくなった（暴力を学習していないから）。
⑰親や教師や他の子どもたちから痛めつけられて、暴力を学習した（リアルに暴力を学習したから）。

＊

⑱「ガキ大将」によるリーダーシップや年齢階梯《かいてい》制（年齢によって上下の身分がある）地域集団の消滅（「ガキ大将」がいなくなったから）。
⑲子ども集団に自生する非民主的な身分関係。心理操作や人心掌握にたけた攻撃的で支配的なリーダーへの追随（「ガキ大将」がいるから）。

＊

⑳日本の「文化」が崩壊したから。
㉑日本の「文化」が残存しているから。

秩序はひとつではない

これらのリストをしばらくながめると、これまで世に流布してきたいじめ論は、ひどい矛盾のごたまぜであることがわかる。これらの矛盾しあう識者の見解のなかには、実態と離れているものも、実態に近いものもあるが、きちんと概念を把握したうえで論理を組み立てる作業ができていない。

右にあげた二一の項目から、学校に蔓延する独特の小社会の秩序と現実感覚を言い当てているにもかかわらず矛盾してしまう項目の組を、三つ挙げてみよう。

1　人間関係が希薄であり、かつ濃密である。(⑪⑫)

2　若い人たちは幼児的であり、かつ、計算高く抑制のきいた「小さな大人」である。

(2′　若い人たちは欲求不満耐性がない、と同時に、集団力学の趨勢《すうせい》をうかがいながら耐え続けている。)(⑬⑭)

3　秩序が過重であり、かつ、解体している。(③④、⑨⑩)

学校でいじめにふけるグループの実態をよく把握している学者やジャーナリストほど、これらの矛盾する項目(希薄－濃密、幼児的－大人的、秩序過重－秩序解体)の双方を指摘しがちである。

いじめ論がこのような矛盾におちいってしまうのは、素朴なことばのフィーリング(素朴な自然言語的了解)に依存しすぎており、何をもって「濃密」－「希薄」、「幼児的」－「大人的」、「秩序」-「無秩序」というのか、といった概念の検討が不十分なまま理論（素人理論）をつくりあげようとするからである。

結論を先に言えば、こういう思考の混乱は、秩序を単数と考えることから生じる。秩序を、Aタイプの秩序、Bタイプの秩序、Cタイプの秩序というふうに複数と考えれば、右記の難問は解決する。

次の節では、このことを事例にそって考えてみよう。

2——学校という空間

いじめ自殺のあとも

【事例1・虫けら】

二〇〇六年一〇月一一日、福岡県筑前《ちくぜん》町立三輪《みわ》中学校二年の男子生徒A君が、「いじめられてもう生きていけない」などと遺書を残し、自宅の倉庫で首つり自殺した。

学校では、一年時の担任X教諭を含め、多くの生徒が辱《はずかし》めや加害行為に関わっていた。長年にわたる言葉によるいじめが続いていた。死の直前には、パンツを脱がすいじめがあった。

加害者たちは、Ａ君の自殺を知らされた後でも、「死んでせいせいした」「別にあいつがおらんでも、何も変わらんもんね」「おれ、のろわれるかもしれん」などとふざけて話していた。

ある男子生徒は、「おれがＡに『お前の貯金を全部学級に寄付しろ』って言ったけん、もしかしたら、あいつが死んだのは俺のせいかもしれん」といって、笑った。

ある生徒は、Ａ君の通夜の席で、棺桶《かんおけ》の中を何度ものぞき込んで笑った。

また、ある生徒は、教室でＡ君の机に花を飾ろうとしたクラスメートを「おまえは関係ないやん」と追い返した。

Ａ君の親にいじめの内容を話した生徒がいた。すると、どこからか、そのことがいじめグループに伝わった。その生徒は「あいつが死なんで、こいつが死ねばよかった」と言われた。

「Ａがおらんけん、暇や」「誰か楽しませてくれるやつ、おらんと?」と言う者もいた。

実際に、Ａ君が自殺した後、彼らは別の生徒をいじめた。

三輪中学校や地元教育委員会は、事実関係を調査するといいながら、有効な調査を怠り、遅らせ、さらに政府から派遣された人員に対しても非協力的であった。三輪中学校父母教師会は全校生徒に「私は取材を受けません」と書かれたオレンジのカードを配布した。事件後、保護者を集めた学年集会で、学校側は会のはじめに「精神的にリラックスしましょう」といって、リラクゼーションのための体操をやらせた。

筆者はある週刊誌記者B氏に話を聞いた。

「地元では取材に応じるなという圧力が強く、取材がたいへんむずかしい。いろいろな人間関係や組織や団体のつながりがからまりあっていて、それが隠蔽《いんぺい》の方向に強力に作用しているようだ。A君の親も、加害生徒を告訴すると地元で生きていくのがたいへんになりそうな気がする。われわれも長期にわたって地元に張りついていることができない。このまま、うやむやにされてしまうかもしれない」とB氏は語った。

その後、福岡県警は、A君のパンツを脱がせた生徒三人を暴力行為等処罰法違反（集団暴行）容疑で書類送検、二人を児童相談所に通告した。警察によれば、この五人はいじめの中心ではない。ことばによるいじめには、警察は手を出せない。

それに対して、Y校長は「ぎりぎりまで書類送検されるとは思っていなかった」「捜査は警察の方針でするので尊重するしかない。ただ、警察も健全育成を念頭に置いているようなので納得はしている」と述べた。

（『週刊現代』「西日本新聞」「朝日新聞」「読売新聞」「毎日新聞」など、および週刊誌記者への筆者によるインタビューより）

これはさして驚くべきケースではない。被害者が自殺して大騒ぎになった後ですら、加害グループの生徒たちが、屈託なく生き生きと学校の群れ生活をおくり、被害者を虫けら扱いするような言動をとったり、他の生徒をいじめたりするのは、よくあるケースである。

葬式ごっこ

次の事例は、【事例1】の二〇年前に起こったいじめ自殺のケースである。

【事例2・葬式ごっこ　自殺の後】（C君が自殺にいたるまでの経緯については第2章【事例9・葬式ごっこ　自殺まで】84ページを参照）

一九八六年、東京都中野区立富士見中学校二年生のC君は、たびかさなる暴力や言葉によるいじめを受け続けた後、首を吊って自殺した。そのいじめのひとつとして行われた葬式ごっこの「色紙」には、教員数名が寄せ書きをしていた。

C君の自殺直後、富士見中の校長と教頭が、C君の自宅にあがりこんで、葬式ごっこに使われた証拠の色紙を物色するが、見つけることができなかった。

C君の自殺後、加害生徒の一人Dは、Z教諭（葬式ごっこの「色紙」にサインをしたひとり）が見ている前で、同級生F君を「お前はC二世だ。Cのように自殺しろ」と約四〇回殴り続けた。それをZ教諭は無視した。怒ったF君がDに反撃したところ、Z教諭は、「やめなさい」と注意した。

この件でDが暴行容疑で警察に逮捕されると、Z教諭と校長は、「(Dが）殴ったのは一回」「つついた程度」「『C二世』とは言わなかった」と、虚偽の発表をした。後に事実関係の違いを指摘された校長は、「**教育の論理**と司法の論理がありますから」と言った。

マス・メディアの取材でも、裁判の証言でも、教員たちは全員、「いじめはなかった」と主張した。C君からいじめの相談を受けてケアを担当していた養護教諭も、裁判では手のひらを返したように「いじめはなかった」と証言した。

事件の後、地元では、C君の妹が「生ゴミがいなくなって、よかった」と言ったとか、「あの一家は取材料でマンションを買うらしい」とか、両親が裁判を起こしたのは「お金が目当てだろう」といった噂が流れた。C君の両親の家には嫌がらせの電話がきた。

富士見中PTAと地域住民のあいだでは、教員にとらせる責任を軽くしてほしいという署名が集まった。

この事件を取材したノンフィクション作家の門野晴子は、著書『少年は死んだ』で次のように述べている。

「『先生、おかわいそう』の署名はだいたいどこの学校でも特定の親に学校が頼んで出させるものだ。『あの家がおかしかったので学校が騒がれて迷惑ね』と言いながら署名を集め、事件の当事者を孤立させていくのがいわば学校の常套《じようとう》手段である。たとえそれに不本意な人であっても、学校関係の署名は踏み絵のごとき威力をもつから、拒否するには村八分とわが子の差別を覚悟しなければできない」

朝日新聞社会部『葬式ごっこ』には、次のようなある母親の言葉が記されている。

「保護者会での発言が、出席していた親からその子、さらに生徒たちに伝わって、うちの子が『お前の親、カッコイイことといったんだってな』と白い目で見られた。子どもがいじめられるのではないか、と次から、何もいえなくなった」

(豊田充『「葬式ごっこ」――八年後の証言』風雅書房、朝日新聞社会部『葬式ごっこ』東京出版、

門野晴子『少年は死んだ』毎日新聞社、「朝日新聞」『サンデー毎日』など）

加害生徒たち（そして教員たち）は、自分たちが「学校的」な空間のなかで生きていると感じている限り、自分たちなりの「学校的」な群れの生き方を堂々と貫く。彼らが、そのようなふるまいをやめるのは、市民社会の論理に貫かれ、もはや「学校的」な生き方が通用しないと実感したときである。

「濃密」に付和雷同して生きている

このようなことを、不勉強な識者たちは知らない。彼らは、学校の生徒たちが人の命を虫けらのように扱うのに驚き、「無秩序」「規範意識の衰退」「人間関係の希薄化」と脊髄《せきずい》反射的に口走ってしまう。また識者らは、生徒たちが悪ノリしてはしゃぐさまや、付和雷同するみさかいのなさに、「幼児性」を感じてしまう。そして、「最近の青少年は、幼児化している」などと口にしてしまう。

だが、次の瞬間、その同じ識者たちは、生徒たちの小社会に、金王朝の北朝鮮や戦争中の大日本帝国以上に、生活の細部にまで浸透し、人の魂を深いところから奴隷化する、陰惨な「秩序」を感じる。そこには、自殺した生徒の親に真実を伝える行為を、けっして許さない仲間内の「規範」がある。生徒たちは「濃密」に付和雷同して生きている。だから、互いのちょっとした気分の変化がこわい。また、生徒たちが人を脅かし、痛めつけ、自分たちがやったことを隠蔽《いんぺい》する戦略的なふるまいや、いつ何どき足をすくわれるかもしれない過酷な群れを泳ぐ計算高さは、通常の大人以上に「大人」である。

現行の学校制度のもとでは、市民社会の秩序が衰退し、独特の「学校的な」秩序が蔓延している。それは世の識者らが言うように、無秩序なのでも秩序過重なのでもなく、人間関係が希薄なのでも濃密なのでもなく、人間が「幼児化」したわけでも「大人びた」わけでもない。ただ、「学校的」な秩序が蔓延し、そのなかで生徒も教員も「学校的」な現実感覚を生きているのである。人々が北朝鮮で北朝鮮らしく、大日本帝国で大日本帝国らしく生きるように、学校で生徒も教員も「学校らしく」生きているだけのことだ。この人道に反する「学校らしさ」が、問題なのである。

いじめの事例は、人間を変えてしまう有害環境としての「学校らしい」学校と、そのなかで蔓延する「学校的」な秩序をくっきりと描き出す。

【事例3・遊んだだけ】

横浜で中学生五人を含む少年グループが次々と浮浪者を襲い、一三人に重軽傷を負わせ、三人をなぶり殺しにする事件が起きた。その後の調べで、「遊び」としての浮浪者襲撃は八年前から子どもたちの世界では「常識」になっていたことがわかった。

人権派のジャーナリスト青木悦は、地元の中学校で浮浪者襲撃事件について講演をした。大人たちが「人を殺したという現実感が希薄になっている」といったことを話しているとき、中学生たちは反感でいっぱいになった。ほとんどの生徒たちは挑戦的な表情で、上目づかいににらんでいる。

突然女生徒が立ち上がり「遊んだだけよ」と強く、はっきり言った。まわりの中学生たちもうなずく。

「一年のとき、クラスで〝仮死ごっこ〟というのが流行《はや》ったんです。どちらかが気絶するまで闘わせる遊びなんですが、私は『ひょっとしたら死んでしまうんじゃない？やめなさいよ』と止めました。そしたら男子が『死んじゃったら、それはそれでおもしろいじゃん？』というんです。バカバカしくなって止めるのをやめました」

「ほんとに死んじゃったら遊んでいたみんなはどう思うんだろう？」耐えかねたようにひとりの教員が言った。

「あっ、死んじゃった、それだけです」別の生徒が語りはじめた。「みんな、殺すつもりはないんです。たまたま死んじゃったら事件になってさわぐけど、その直前まで行ってる遊びはいっぱい学校の中でありますが」

彼らは、どちらかといえば〝優等生〟的にふるまう、普通の中学生たちだった。

（青木悦『やっと見えてきた子どもたち』あすなろ書房より）

【事例4・先生なんかきらいだ】

社会学者・竹川郁雄が参加した、いじめに関する調査（小学六年生、中学二年生対象、一九八四年）の自由回答欄に、いじめをしているある女子中学生は次のように記入している。

「いじめは良くないと思うがやっている人だけが悪いんじゃないと思う。やる人もそれなりの理由があるから一方的に怒るのは悪いと思う。その理由が先生から見てとてもしょうもないものでも、私達にとってとても重要なことだってあるんだから先生たちの考えだけで解決しないでほしい」

別の男子中学生はこう記している。

「いじめられた人はその人に悪いところがあるのだから仕方がないと思う。それと先生でもいじめられた人よりいじめた人を中心におこるからものすごくはらたつ。だから先生はきらいだ。いじめた人の理由、気持ちもわからんくせに」

（竹川郁雄『いじめと不登校の社会学』法律文化社より）

彼らにとっての善悪

右の例には、中学生たちが「自分たちなり」の秩序を、「私達にとってはとても重要なこと」として生きているのが見てとれる。このような局面を生きる中学生たちにとって、いじめは「よい」。

彼らが「遊んだだけよ」というときの「遊び」は、彼ら「なりの」人倫感覚にとっては重要なものであり、少なくともやられる人間の命よりは重い。仲間内には自分たちなりの秩序にもとづく独特の身分がある。自分たちの「遊び」の盛り上がりにくらべたら、身分が下の者がたまたま遊びに使用されて「死んじゃった」としても、どうということはない。みんなの「いま・ここ」は重く、個人の命は軽い。

彼らにとってもっとも「悪い」ことは、みんなが共振しあうノリの世界にひびを入れることである。彼らは人権やヒューマニズムを生理的に嫌悪する。それらは、彼らなりの倫理秩序にとって、本当に「悪い」ことだ。

彼らは、こういった自分たちなりの「よい」「悪い」を体得しており、それに対してかなりの自信を持っている。彼らは、彼らなりの社会にとっての「正しさ」（彼らなりの倫理秩序!)にそぐわない、「悪い」ことを押しつけてくる大人に対して、本気で腹を立ててい る。わたしたちの市民としての善悪と、彼らの群れとしての「よい」「悪い」との間には大きな断絶がある。

人と人とのきずなについても同じことが言える。生徒たちには生徒たちの特殊な秩序に根ざした濃密な世界がある。だが、その濃密さは、わたしたちが思い浮かべるものとは趣《おもむき》を異《こと》にしている。

【事例5・ばっさり】

「東京の中学一年生、C子さんのケースは、女子に多い「依頼いじめ」だった。放課後の教室でC子さんは、三人の男子生徒に体を押さえつけられた。体の自由がきかなくなったC子さんの髪にハサミが向けられた。クラスの中でもかなりの美人だったC子さんの黒髪は、無残な姿になってしまった。しかも、その三人の男子生徒のうちの一人は、C子さんの彼氏だった」

(太田覚「いじめ地獄絶望の報告書」『週刊朝日』一九九五・一・六‐一三号)

彼らは、個人と個人との間の信頼関係がないにもかかわらず、濃密に密着しあっている。そこには彼ら独自の、濃密な共同性がある。

わたしたちの基準からは、残酷で薄情なものでしかない群れに対する彼らの忠誠と紐《ちゅう》帯《たい》は、日清戦争で「死んでもラッパをはなさなかった」兵士にまさるとも劣らない。わたしたちと彼らとでは、濃密－希薄の尺度、さらにはきずなとは、信頼とは何かについての尺度が異なっているのだ。

3――ノリは神聖にしておかすべからず

大人びていて幼児的

もう一度繰り返そう。

いじめの場を生きている生徒たちは、ある意味では「人間関係が濃密」であり、別の意味では「希薄」である。

彼らは、ある意味では「幼児的」であり、かつ別の意味では「大人びて」いる。

また、あるタイプの「秩序が解体」しており、かつ別のタイプの「秩序が過重」である。

自然言語的了解（ことばのフィーリング）としては、「幼児的」は「大人びた」計算高さと矛盾するが、いじめの場において、「幼児的」と呼ばれる特徴と「大人びた」と呼ばれる特徴は表裏一体となっている。つまり、「大人びた」しかたで「幼児的」なノリを生きている。

学者や評論家が「幼児的」という稚拙な言葉で言い表そうとしている、悪ノリにふける群れのありさまは、全能を得ようとする傾向と呼ぶほうが正確である。この全能《いきおい》を仲間内で分相応に配分する、せちがらい政治と過酷な身分秩序は、まったく「幼児的」ではない。

空騒ぎしながらひたすらノリを生きている中学生のかたまりは、無秩序・無規範どころか、こういったタイプの仲間内の秩序に隷従《れいじゅう》し、はいつくばって生きている。また、個人と個人の信頼に裏打ちされた親密性をきずなのあかしとすると、「人間関係が希薄」に見える。それに対して、「みんな」のノリを共に生きる「いま・ここ」を基準にすると、きずなが「濃密」に見える。

こういう思考の混乱は、秩序を単数と考えることから生じる。先に述べたように、Aタイプの秩序、Bタイプの秩序、Cタイプの秩序というように、秩序には複数のタイプがある。われわれは日々コミュニケーションを通じて、A秩序、B秩序、C秩序……といった

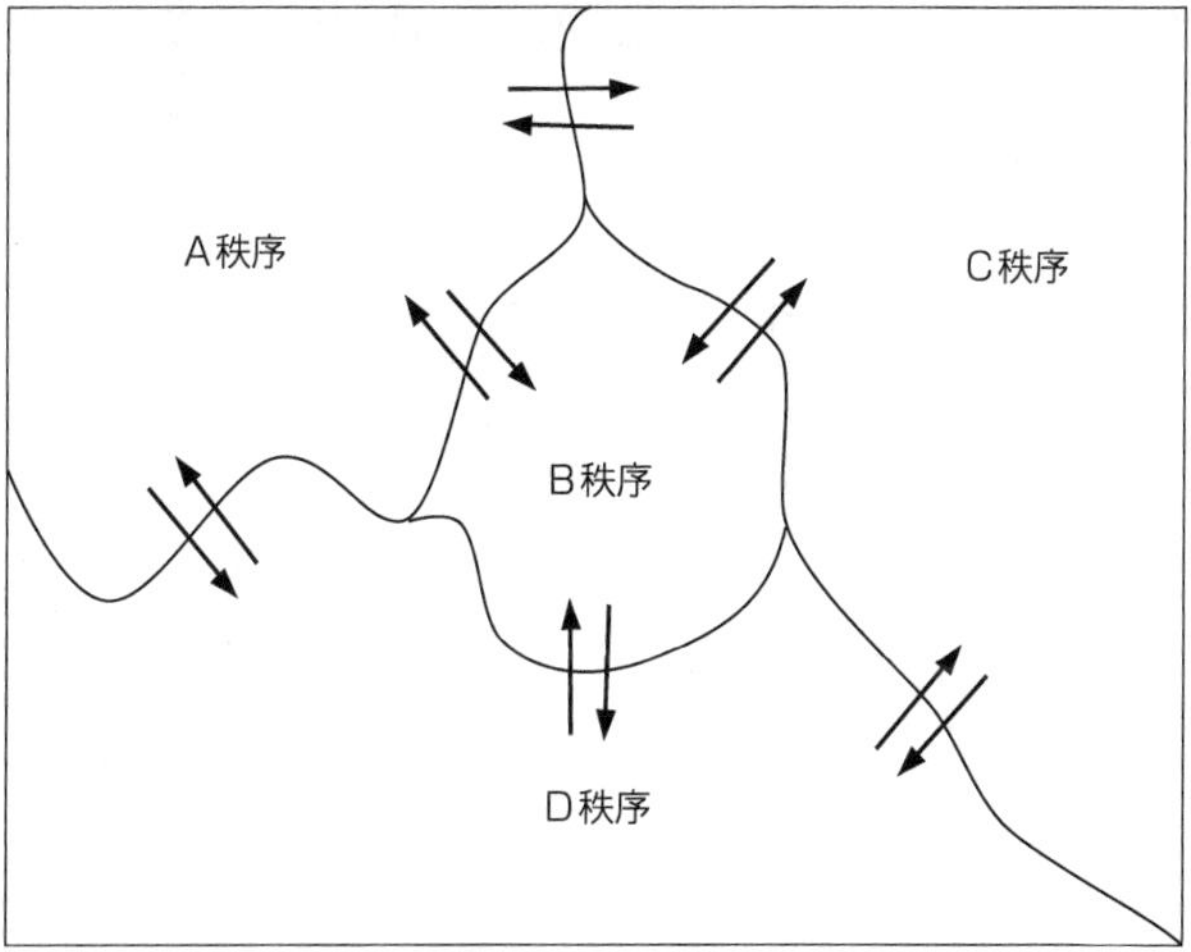

図1　秩序の生態学的布置（せめぎあう複数の秩序）

さまざまなローカルな（小さな社会の）秩序を生み出しながらその中で暮らしている。

これらの秩序のうち、あるタイプの秩序が純粋にそれだけで存在することはまれである。あるタイプの秩序は別のタイプの秩序との関係のなかに位置（生態学的ニッチ）を占めて存在している（図1参照）。こういったさまざまな秩序のせめぎあいに応じて、Aリアリティ、Bリアリティ、Cリアリティ……といったさまざまな現実感覚（リアリティ）が、「あたりまえ」の位置を奪いあっている。図1のような諸秩序の連関を、本書では、秩序の生態学的布置と呼ぼう。「布置」とは、それぞれの要素が他の要素との関係の中で位置を占めて存在する配置の構図である。

秩序の生態学モデル

どういうタイプの秩序が優位であるかによって、現実感覚は刻々移り変わり、何が「あたりまえ」か、何が「よい」と感じられ何が「悪い」と感じられるかも変化する。複数の秩序に応じて、複数の「よい」「悪い」が生じる。

いじめ論者たちが「秩序の解体」を読み込んだり「秩序の過重」を読み込んだりする事態は、ある秩序と別の秩序との生態学的な競合において、一方が勢力を拡大し、他方が淘《とう》汰《た》される事態である。

このような考え方を、**秩序の生態学モデル**と呼ぼう。

本書でとりあげる事例は、ありきたりの学校のありきたりの生徒たちの事例であり、もっぱらあるタイプの秩序と現実感覚が、他のタイプの秩序と現実感覚を圧倒し、後景に退かせるようなしかたで突出しているという意味で、典型的な事例である。

これらの事例は例外的なもので、「ほとんどの中学生たちはこんな酷《ひど》い人たちではない」と感じられるかもしれない。確かに彼らは、日常生活のひろがりのなかで、さまざまに異なるタイプの社会秩序や現実感覚を（多かれ少なかれ）同時並行的に生きている。事例が示す局面で露出したタイプの秩序（次に述べる群生秩序）と現実感覚は、別の時点、別の局面では後景に退いているかもしれない。だが、多くの生徒たちの日常生活では、他のタイプの秩序と混在したかたちで、ここで露出してしまったようなローカルな秩序が厳然と**部分的に作動し**、生きられている。彼らは、共同体を強制するタイプの学校で生活する限り、多かれ少なかれそれぞれが露出する局面、あるいはその露出の可能性に不安をおぼえる局面を体験しているはずである。

本書では、このような考え方に従って、典型的ないじめの事例から、問題となる心理－社会的な秩序の原形を抽出していく。そしてその後に、それを他のいくつかのモデルと組み合わせて複雑な現実を説明する。

群生秩序

秩序の生態学モデルに従って、生徒たちが生きている小世界の秩序を考えてみよう。それは、「いま・ここ」のノリを「みんな」で共に生きるかたちが、そのまま、畏怖《いふ》の対象となり、是《よし》／非《あし》を分かつ規範の準拠点になるタイプの秩序である。これを、群れの勢いによる秩序、すなわち**群生《ぐんせい》秩序**と呼ぶことにしよう。本書で紹介する事例は、このようなタイプの秩序を、典型的に示している。

以下では、**群生秩序**を、正反対のタイプの秩序（市民社会の秩序）と対比しながら、浮き彫りにしよう。

市民社会の秩序と群生秩序

群生秩序に対して、その場の雰囲気を超えた普遍的な理念やルールに照合して、ものごとの是《よし》／非《あし》を分けるタイプの秩序を普遍秩序としよう。人類の歴史をふりかえってみると、かならずしも普遍主義（普遍秩序）とヒューマニズム（人間主義）が結びついているとは限らない。たとえば神の栄光のためなら人間が滅びてもかまわないとする立場は、普遍主義であっても人間主義ではない。また逆に、身近な「仲良し」関係で小集団自治的な生活世界を生きており、関係が良好である限りにおいて周囲にあたたかい配慮を示すが、「仲良く」できない、あるいは「生理的な嫌悪感」を感じる人には酷薄（残酷で薄情）にふるまうタイプの人は、人間主義的ではあるが普遍主義的ではない。ちなみに多くのいじめは、「人間主義」的に行われている。

現代の先進諸国では、いくつかの普遍的な理念やルールを組み合わせて市民社会の秩序が編成されているが、その中心部分（核となる最高価値）は、①普遍的な②ヒューマニズム（たとえば、人権、人間の尊厳、自由、平等など）である。ここでは、さまざまにありうる普遍秩序のうち、このような普遍的ヒューマニズムを核とした先進諸国型の秩序を、市民社会の秩序と呼ぶことにする。

このような複数の秩序を考えると、これまでのいじめ論の矛盾と混乱が一気に氷解する。

市民社会の秩序を「秩序」と見る視点からは、いじめの場に「秩序の解体」が見えてくるが、**群生秩序**を「秩序」と見る視点からは、「秩序の過重」が見えてくる。

市民社会の秩序や個と個の親密性を見る視点からは人間関係が「希薄」に見え、群生秩序を見る観点からは「濃密」に見える。

また市民社会の秩序を見る視点からは、**群生秩序**にもとづいた行動をとる心性は「幼児的」で「欲求不満への耐性が欠如」しているように見える。だが、**群生秩序**を見る視点からは、悪ノリしている最中ですら計算ずくでうまく立ち回って「大人びて」おり、自分の身分的立場が弱くなればひたすら卑屈になって「辛抱している」ように見える。

ここで重要なポイントは、規範の準拠点がどの水準にあるのか、ということだ。

市民社会の秩序のように、規範の準拠点が、そのときそのときのみんなのこころの動きを超えた普遍的な水準にある場合、いじめをしている者たちの付和雷同は「悪い」ことだ。

それに対して、ここで問題にしているノリの秩序（群生秩序）では、共同生活のその場その場で動いていく「いま・ここ」が、「正しさ」の基準となる。強制された学校コミューンの局面ごとに刻々と動いていく「いま・ここ」の雰囲気のメリハリ（ノリの強度）が、そのまま個を超えた畏怖の対象となり、規範の準拠点になる。

ここでは、その場その場のノリへの付和雷同こそが人倫のかなめであり、人と人との間を生きる人間の証《あかし》となる。共同生活の「いま・ここ」に従って素直にノリを生きる、清く明るいこころがもっとも大切だ。「いま・ここ」のノリにまつろわない（祭ろわない）者は、くらく穢《けが》れた、非人間的な存在として忌《い》み嫌われる。

つまり純粋形の**群生秩序**は、群れの付和雷同のなかで全能を配分することによって、是《よし》／非《あし》（たとえば、ノリがよい、すかっとする／ムカつく、嫌われもの、死ね！）を分かつ、情動の共振から生じる秩序である（本書の後半では、利害と結合した複合形の群生秩序を示す）。これを規範的な言い方で表すとすれば、「ノリは神聖にしておかすべからず」、あるいは「空気を読め」となる。

本書の事例で紹介された、群れた中学生たちの小社会では、ノリがそのまま規範の準拠点になっている。赤の他人が無理矢理ベタベタするよう集められた学校で、生徒たちは生活空間を遊びのノリで埋め尽くし、そのノリに仕えて生きる。空騒ぎしながらひたすらノリを生きている中学生のかたまりは、無秩序・無規範どころか、こういったタイプの秩序に対して、はいつくばって卑屈に生きている。

「よい」は「みんな」のノリにかなっていること

このような小社会では独特の「よい」と「悪い」が成立している。彼らは、自分たちなりの独自の「よい」「悪い」に、大きな自信と自負を持っている。それは、きわめて首尾一貫したものだ。

この倫理秩序に従えば、「よい」とは、「みんな」のノリにかなっている、と感じられることだ。

いじめは、そのときそのときの「みんな」の気持ちが動いて生じた「よい」ことだ。いじめは、われわれが「いま・ここ」でつながっているかぎり、おおいにやるべき「よい」行為である。いじめで人を死に追い込む者は、「自分たちなり」の秩序に従ったまでのことだ。

大勢への同調は「よい」。ノリがいいことは「よい」。周囲のノリにうまく調子を合わせるのは「よい」。ノリの中心にいる強者（身分が上の者）は「よい」。強者に対してすなおなのは「よい」。

「悪い」とは、規範の準拠点としてのみんなのノリの側から「浮いている」とかムカツクといったふうに位置づけられることだ。自分たちのノリを外《はず》した、あるいは踏みにじったと感じられ、「みんな」の反感と憎しみの対象になるといったことが、「悪い」ことである。

「みんなから浮いて」いる者は「悪い」。「みんな」と同じ感情連鎖にまじわって表情や身振りを生きない者は、「悪い」。「みんなから浮いて」いるにもかかわらず自信を持っている者は、とても「悪い」。弱者（身分が下の者）が身の程知らずにも人並みの自尊感情を持つのは、ものすごく「悪い」。

それに比べれば、「結果として人が死んじゃうぐらいのこと」はそんなに「悪い」ことではない。他人を「自殺に追い込む」ことは、ときに拍手喝采《かっさい》に値する「善行」である。もっとも「悪い」のは、「いま・ここ」を超えた普遍的な次元への「チクリ」と、個人的な高貴さである。そういう者は徹底的に苦しめなければならない。彼らはそのような「悪い」者を、「いじめ＝遊び」の玩具《おもちゃ》として思う存分痛めつけ、辱め、あらたな全能感ノリを享受しようとする。

もちろん、このような「ノリの国」では、個の尊厳や人権といった普遍的ヒューマニズムは「悪い」ことであり、反感と憎しみの対象になる。彼らにとっては、その場その場で共振する「みんな」の全能感ノリを超えた普遍的な理念に従うことや、生の準拠点を持つことは「悪い」。自分たちの「ノリの国」を汚す普遍的な理念に対して、中学生たちは胃がねじれるような嫌悪と憎悪を感じる。

彼らの小社会では、ノリながらやるのであれば、何でも許されるが、「みんなから浮いて」しまったら、何をやっても許されない。中学生たちはその場その場のみんなのノリをおそれ、かしこみ、うやまい、大騒ぎをしながら生きている。

いじめで人が死んだり自殺したりしたときですら、生徒たちは「かっこいい」と拍手喝采したり、堂々と「遊んだだけよ」と言うことがある。「どうしていじめたのか」と尋ねられて、加害生徒が、「おもしろかったから」とか「遊んでいた」といったふうに答えることもある。このようなとき、彼らは「自分たちなり」の遊びとノリの秩序にしたがって、文字通り「おもしろい」からいじめている。

ここで「遊んだだけ」というときの遊びは、「自分たちなり」のノリの秩序に従いながら、ノリを次々と生み出す。このような秩序状態のもとでは、「みんな」の遊びに逆らうことは強烈なタブーである。また、遊びであればすべてが許される。

身分は厳格に定まっている

　こういった「遊び」の流れにしたがって、そのつど仲間内の**身分関係**が動いていく。みんなの感情共振的なノリの秩序のなかで、誰がどのくらい存在感を持ってよいか、楽しげに存在してよいか、幸福そうに笑ってよいか、といった**身分**は厳格に定まっている。たとえば、いじめ被害者が楽しそうに微笑《ほほえ》んでいるのを偶然見かけただけで、いじめグループは憎しみでいっぱいになる、といったケースがよくある。この場合、彼らは、まるで不正をおかした者に対するかのように「許せない！」と憤激する。中学生の自治的な世界の内部では、いじめ被害者が幸福そうにふるまうことは、「われわれ」の共生に対する、いわば「表情罪」あるいは「態度罪」ともいうべき罪にあたる。

　このような秩序のなかでは、何をやっても「悪い」のがいじめ被害者だ。暗い顔をしているといっては責められる被害者が、明るい顔をすると今度はもっと責められる。こういったダブルバインドで締め上げられ、見当はずれの「自己改善」を繰り返しながら、「友だち」に痛めつけられ続けるのが被害者の身分的運命だ。こういう分際でありながら楽しそうに微笑むなどということは、ノリの秩序をだいなしにする許しがたい行為だ。

　彼らの秩序がノリの秩序であればあるほど、そのノリや「こころ」のありかたの配分をめぐる**身分関係**は峻厳苛烈《しゅんげんかれつ》なものになる。その場その場のみんなのノリに気を配り、そのノリに即した自分の位置（身の程）をわきまえなければならない。この微妙な線引きを少しでも誤ると、ムカツクとかジコチュウ（自己中心的）とか言われる。

このような**身分秩序**は、「先生から見てとてもしょうもないものでも、私達にとってとても重要なこと」だ。そして彼らの「自分たちなり」の秩序感覚にとっては、「やる人もそれなりの理由がある」し、「いじめられた人はその人に悪いところがあるのだから仕方がない」（【事例4・先生なんかきらいだ】28ページ）。

こういったローカル秩序のなかで生きられる現実感覚は、「人間とは何か」という問題をわれわれに突きつける。というのは彼らはときに人間の尊厳を、ときには生命さえ、あたりまえのように軽視するからだ。自分たちがいじめていた「友だち」が自殺や自殺未遂をしたと知らされて、クラスのみんなが拍手喝采して大はしゃぎする、といったできごとは、いじめが蔓延する学校では、とりたてて珍しいことではない。このような現象も、彼らなりのノリの秩序から説明できる。

ノリの秩序によれば、ひとりひとりの人間存在は、その場その場の「みんなの気持ち」、あるいはノリの側から個別的に位置づけられて在《あ》るものであって、人間が「人間である」というだけで普遍的に与えられるものではない。人間は諸関係の総体である。いじめで盛り上がる中学生たちは哲学的な思考などしないが、近代実体主義を超えた徹底的な関係主義と社会構成主義を「いま・ここ」で生きている。

たとえば、いじめ遊びは、「わたしたち」の大切なノリのいとなみであり、そのノリに即して人間の位置と価値が定まる。ノリの秩序の中ではいじめられる身分の者は、その場その場のノリをこの身に受けて共鳴するうつわ＝諸関係の結節項《むすびめ》（みんなの玩具《おもちゃ》）としてのみ存在意義がある。玩具に対して「独自の人格」を前提することは不自然であり、命令によって動かすことがもっとも自然な接し方である。【事例3・遊んだだけ】（26ページ）で、女子中学生が「気絶するまで闘わせる遊び」という命令的な言い方を、大人たちの前ですらごく自然な感覚でしたのは、このような倫理秩序において、である。

「いま・ここ」の関係

このような場での倫理秩序を一言でいえば、「すなおに生きること」だといえよう。いじめ被害者は、あくまでも「われわれ」の関係の中で玩具《おもちゃ》「として」在《あ》る。みんなが共に生きる間柄を離れて彼が彼としての実体的な生命やこころをもっており、それを「われわれ」の「いま・ここ」を踏みにじってまで尊重しなければならないといったことは、吐き気をもよおすほど不自然な理屈だ。あるいは、遊ぶ者と玩具が同じ人間として平等であるという論理は、人間と牛馬が同じ生物として平等であるというのと同様、「いま・ここ」

で現に生きられている関係を無視した奇怪な抽象論理だ。むきだしの関係主義者たちが、このような不自然で奇怪な論理を押しつける者たち、すなわち人権や普遍的ヒューマニズムの側からいじめをやめさせようとする者たちをひどく憎むのは当然である。中学生たちが、人間の尊厳を説く講演者を「挑戦的な表情で、上目づかいににらむ」（【事例3】26ページ）のは、そういうことなのだ。

群生秩序の「いま・ここ」のもとでは、いじめは「よい」。われわれは、「いま・ここ」が響きあう共同体のなかで位置のある人間として、仲間の中で生活し仲間と共に生きていくならば、いじめをしなければならない。それは個を超えた、大いなる関係の倫理である。それに対して、そのときそのときの感情連鎖の場とは独立して、普遍的に「人間の生命」が尊いなどということのほうが、不自然な「悪い」感覚である。彼らにとって、人権や普遍的なヒューマニズムは、「いま・ここ」の関係の絶対性において悪い。わたしたちの関係の絶対性を共に生きようとしない個の傲慢《ごうまん》は、人殺しよりも悪い。彼らの心理‐社会的な秩序にとっては、ノリは神聖にしておかすべからず、である。つかのまの全能感ノリこそが「生命」であり、その結果、「玩具《おもちゃ》」身分の「人間」が死ぬか生きるかなどは取るに足らないことなのである。

いじめが蔓延する場の生徒たちは、仲間とノリを共に生きる付和雷同を通じて、特有の

「よい」「悪い」、あるいは自分たち独自の倫理秩序を体得しており、それに対して、大人の予想をはるかにうわまわる自信と自負を持っている。

彼らの「人間の死を軽く見る」傾向や、「個人と個人との間に信頼関係がまったくないにもかかわらず濃密に密着しあっている」傾向は、確かに実感としては驚くべきものかもしれない。しかし、ここまで本書を読み進めていただいたなら、中学生たちが人間の生命を軽視することが、もはや不思議でなくなるはずだ。「いま・ここ」で生きられている関係主義的存在論と倫理秩序を考えれば、彼らが自信を持って「あっ、死んじゃった、それだけです」「死んじゃったら、それはそれでおもしろいじゃん？」「遊んだだけよ」（【事例3】）といった発言をするのも、驚くに値しない。「死の実感がない」といわれる中学生たちの言動は、ここで説明したような、彼ら独自の倫理秩序に整合する帰結である。

赤の他人と一日中ベタベタ共同生活することを強いる学校制度のもとで、生徒たちは生活空間を遊びのノリで埋め尽くしながら、そのノリを規範の準拠点とする「自分たちなり」の秩序を生きる。そしてこの秩序のなかで彼らは、酷薄な関係主義的存在論をこともなげに生き抜いてしまう。

みんなのノリのきずな

このような心理 - 社会的な秩序においては、人が生きるきずなの質も異なってくる。わたしたちは、まず個人があって、その個人と個人がきずなを結ぶと考えがちだ。しかし事例にあるような中学生たちの学校共同体では、まずみんなの関係が第一次的にあり、個人はその第二次的な項として、（関係規定的・函数《かんすう》的に）在《あ》る。当然みんなのノリのきずなに対して、個人と個人のきずなはそれ自体では無に等しい。

たとえば、ほんの数分前まで「仲良く」じゃれあっていた「友だち」が、みんなから「浮いた」としよう。すると次の瞬間、「仲良く」していたはずの生徒は、当人にも何が何だかわけがわからず意地悪な気持ちになり、みんなといっしょに「友だち」をバンバン蹴《け》る。このとき、共同体のなかでパブロフの犬のように身体化した「われわれの善《よ》き慣習」が、関係の第一次性として生きられている。このとき蹴っている者の現実感覚の半分はこすっからい保身であり、あとの半分は、わたしが蹴るというよりも、わたしのなかから関係が蹴る、あるいはわたしの中からノリが蹴るとでもいったものだ。

蹴られた人が負傷したり死んだりして事情聴取されるとしたら、加害者たちは「何となくノリで蹴っていた」「おもしろいから蹴った」「遊んだだけ」と言うだろう。その場の空気を読んで集団に同調することが唯一の規範である学校共同体では個人の責任などという事態は生じ得ないのだから、彼らは自分の行いに対して責任をとろうとはしないだろう。

自分が好意を持って近づこうとする以前に運命としてベタベタさせられる生活環境で、生徒たちは、個人で愛したり、憎んだり、楽しんだり、むかついたりするのではなく、みんなのノリを感じ取り、その盛り上がりに位置づけられた「自」の「分」としての「自-分」の感情を身分的に生きる。あるいは、そのようなこころの動きの軌跡として自分が在るとでも言うべきかもしれない。このように「ノリ来たりて我を照らす」間柄感覚の無責任のおかげで、生徒たちは身もこころも軽くなって、ひとりではできないことを平気でやる。

このように考えれば、これまで挙げた事例は、余すところなく理解可能になる。もう一度事例に目を通していただきたい。

次章以降では、いじめに関わる心理-社会的なメカニズムをより深く分析しながら、この章で述べたことを、さらにくわしく述べていきたい。

コラム1　いじめの定義

いじめは若い人たちに特有のものではない。いじめはどんな社会集団にも生じる。一定の制度・政策的環境条件下では、老若男女あらゆる集団でいじめは蔓延する。もちろん教員が生徒を迫害するのもいじめであり、親が子どもを虐待するのもいじめである。

いったい何から何までがいじめなのだろうか。いじめのような臨床的な概念は、実践的な要請に応じて、日常語から可能性を引き出すようなしかたで操作的に定義すればよい。

類書をひもとくと、被害者の意識を基準にした定義が散見されるが、それには問題がある。他人(被害者)が「いじめ」あるいは「苦痛」と感じさえすればいじめであるとすれば、それは何でもいじめになりうる。実際、自分にとって気にくわない他人の言動は、多かれ少なかれ精神的に苦痛である。

また、いじめを単なる攻撃と区別しないような考え方もあるが、いじめと単なる攻撃は異なる。攻撃には、「目的のための手段」としての戦略的攻撃と、他人を苦しめることを味わおうとする嗜虐《しぎゃく》的攻撃がある。実際には、この二つは結合していることが多いが、それ自体、別のものである。

「目的のための手段」としての攻撃は、純粋にそれ自体では、いわば利害計算の「解」にすぎない。戦略的な攻撃の場合、目標にたちふさがる障害が除去されればよく、相手が苦しむか苦しまないかはどうでもよいことである。たとえば子どもの治療費のために銀行強盗をしたら、それもいじめと呼べるだろうか？　合理的な手段として暴力によって怖がらせる作業は、それだけではいじめではない。

それに対して嗜虐的攻撃では、他者が苦しむことがはじめから要求されている。そこでめざされているのは、加害者が前もって有している欲望のひな型が、（殴られて顔をゆがめるといった）被害者の苦しみの具体的なかたちによって現実化されることである。加害者は、他者の運命を掌中に握る感触を、壊れゆく他者の苦しみのなかから、我がものとして享受しようとする（これはある種の自己感覚追求ツールとしての他者コントロールである。詳しくは第２章を参照）。この嗜虐意欲が、いじめ概念のコアである。

いじめが成立するためには、①加害者の嗜虐意欲、②加害者による現実の攻撃行動、③被害者の苦しみという三つの要素が必要である（いじめの三要件）。以下では、この三要件を概念の中心に位置づけて、いじめを、①最広義、②広義、③狭義の三段階に分けて定義する。

①最広義のいじめ定義Ａ「実効的に遂行された嗜虐的関与」

いじめ概念のコアにあるのは、加害者側の嗜虐意欲である。それが加害者側の行為を通じて被害者側の悲痛として現実化し、その手応えを加害者側が我がものとして享受する。これが「実効的に遂行された関与」ということの意味である。

また「実効的に遂行された」という項目によって、「人知れず丑《うし》の刻参りをして藁人形《わらにんぎょう》に五寸釘を打ったが何の影響力もなかった」といった場合を除外することができる。いじめは、一人称の心理的な情熱ではなく、あくまでも心理－社会的な相互作用として成立する。

ただこの定義Ａだと通り魔のケースも含まれてしまう。われわれがいわゆる「いじめ」らしく感じるいじめの多くは、何らかの社会状況に構造的に埋め込まれることによって生じる。

したがって、次に示す広義の定義Ｂがもっとも自然な定義になる。

②広義の定義Ｂ「社会状況に構造的に埋め込まれたしかたで、実効的に遂行された嗜虐的関与」

一個人による孤立的行為がおよぼす有害作用は、集団化したタイプに比べれば相対的にたかがしれている。たとえば小学校低学年によくみられる、グループを組まない乱暴者による純粋な一対一のいじめは、学級制度（被害者は制度的に所属を強制され、加害者との関係を切断することができない）という社会状況に構造的に埋め込まれているが、そこに集団の力は作用していない。

それに対して、もっとも研究に値するいじめの中核群は、群れた「みんな」の勢い、あるいは「自分たちなり」の特殊な秩序を背景にしたタイプである。そこで狭義のいじめの定義Cは次のようになる。

③狭義の定義C「社会状況に構造的に埋め込まれたしかたで、かつ集合性の力を当事者が体験するようなしかたで、実効的に遂行された嗜虐的関与」

以上が、筆者によるいじめの定義である。

第２章　いじめの秩序のメカニズム

1――「わたし」に侵入して内側から変えてしまうもの

第1章では、狭い空間で生きる生徒たちが生み出す小社会の秩序を、いじめの事例から浮き彫りにした。ここでは、この秩序においてはたらく心理 - 社会的なメカニズムをくわしく説明しよう。

寄生する生物たち

イメージをわかりやすくするために、寄生虫の例を挙げることからはじめよう。

寄生虫がいつのまにか自分のなかに侵入し、わたしの内側からわたしを操作して、わたしにおぞましい生き方をさせてしまうとしたら、これほど不気味なことはない。

イギリスの動物行動学者リチャード・ドーキンスは、『延長された表現型』（紀伊國屋書店）で、このような世界を描いている。彼によれば、「中間寄主を含んだ生活環をもっている寄生虫は、その中間寄主からあるきまった最終寄主へ移動しなければならないが、しばしば中間寄主の行動を操作して、その最終寄主にその中間寄主が食べられるようにうまく仕向けている」。

ドーキンスは、いくつかの不気味な例を挙げている。

■リューコクロリディウム属の吸虫は、カタツムリに寄生した次に、鳥に寄生する。この吸虫がカタツムリの角《つの》に侵入すると、暗いところを好むカタツムリが、光を求め、日中に活動するようになる。そのためにカタツムリは鳥に発見されやすくなる。鳥はカタツムリの角を食いちぎって食べる。こうして吸虫は、鳥の体内にはいる。カタツムリは吸虫によって、光を求めるように内側から操作されたと考えられる。

■ミツバチに寄生したハリガネムシの幼虫は、成虫として水中で生活するためには、ミツバチの表皮を突き破って外に出て、水中に入る必要がある。ハリガネムシに寄生されたミツバチは、しばしば水に飛び込むことが報告されている。一匹の感染したミツバチが水たまりの方へ飛んで行き、水中へダイヴィングした。その直接の衝撃で、ハリガネムシはミツバチのからだを破って飛び出し、泳いでいった。重傷を負ったミツバチはそのまま死んでしまった。

■鉤頭虫類《こうとうちゅう》ポリモルフス・パラドクススは、淡水のヨコエビを中間寄主とし、最終寄主は、水面の餌を食べるマガモや、マスクラット（齧歯《げっし》類の哺乳動物）である。寄生されていないヨコエビは光を避け、水底近くにとどまる習性がある。ところが、ポリモルフス・パラドクススに寄生されたヨコエビは、光に接近するようになり、水面近くにとどまり、水草に執拗にまとわりつくようになる。その結果、ヨコエビはマガモやマスクラットに食べられやすくなる。

あわれなカタツムリやミツバチやヨコエビは、寄生した生物の遺伝子の「延長された表現型」、あるいは「乗り物」として生きさせられる。

さて、これらのおぞましい例は、他の生物が寄主に寄生する話である。

だが、**社会が寄生虫であるとしたら！**

つまり、わたしたちが集まってできた社会が、いつのまにかわたしに侵入し、内側からわたしを操作して、おぞましいやりかたで生きさせてしまうとしたら、それは吸虫やハリガネムシやポリモルフス・パラドクスス以上に不気味である。

実際、学校に軟禁されて生徒にされてしまった人たちが織りなす小社会の秩序は、しばしば、これらの寄生虫と同じ作用をおよぼす。

「何かそれ、うつっちゃうんです」

次にいじめをしている女子中学生の例を見てみよう。

【事例6・何かそれ、うつっちゃうんです】

「ひとりやったらできへんし、友だちがいっぱいおったりしたら、全然こわいもんないから。何かこころもち気が強くなるっていうか、人数が多いってことは、安心する、みたいなんで。一回いじめたら、止められないっていうか。何か暴走してしまうっていうかな」

「友だちに『あのひと嫌い』って言われると、何かそれ、うつっちゃうんですよ」

(NHKスペシャル「いじめ」いじめの加害者である生徒のインタビューより、一九九五年一〇月一日放映)

この女子中学生は、「友だち」と群れていると、カタツムリが日中に徘徊《はいかい》し、ミツバチが水に飛び込み、ヨコエビが水面で水草にまとわりつくように暴走して、いじめが止まらなくなる。友だちに「あのひと嫌い」と言われると、「何かそれ」がうつってしまう。生徒たちは、自分たちが群れて付和雷同することから生じた、心理‐社会的な秩序の「乗り

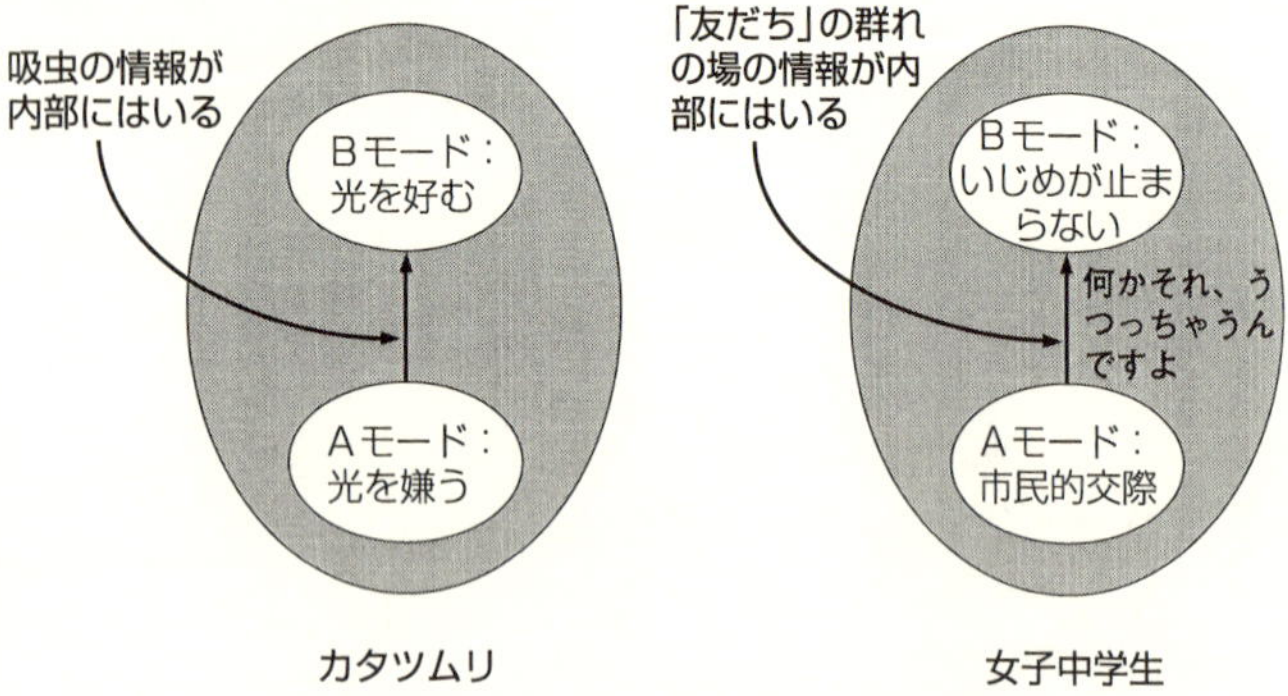

図2　個をとびこえた内的モードの変換

物」になって生きる。

このように個をとびこえて、内側から行動様式が変化させられてしまうことを、図2のようにあらわすことができる。カタツムリの場合、吸虫の情報が個をとびこえて内部にはいり、内的モードが変化したのである。

それと同様に、女子中学生の場合、「友だち」の群れの場の情報が個をとびこえて内部にはいり、内的モードが変化した。「何かそれ、うつっちゃうんですよ」という発言は、群れに「寄生され」て内的モードが変化させられる曖昧《あいまい》な感覚をあらわしている。

学校の集団生活によって**生徒にされた人たち**は、①自分たちが群れて付和雷同することによってできあがる、集合的な場の情報（場の空気！）によって、内的モードが別のタイ

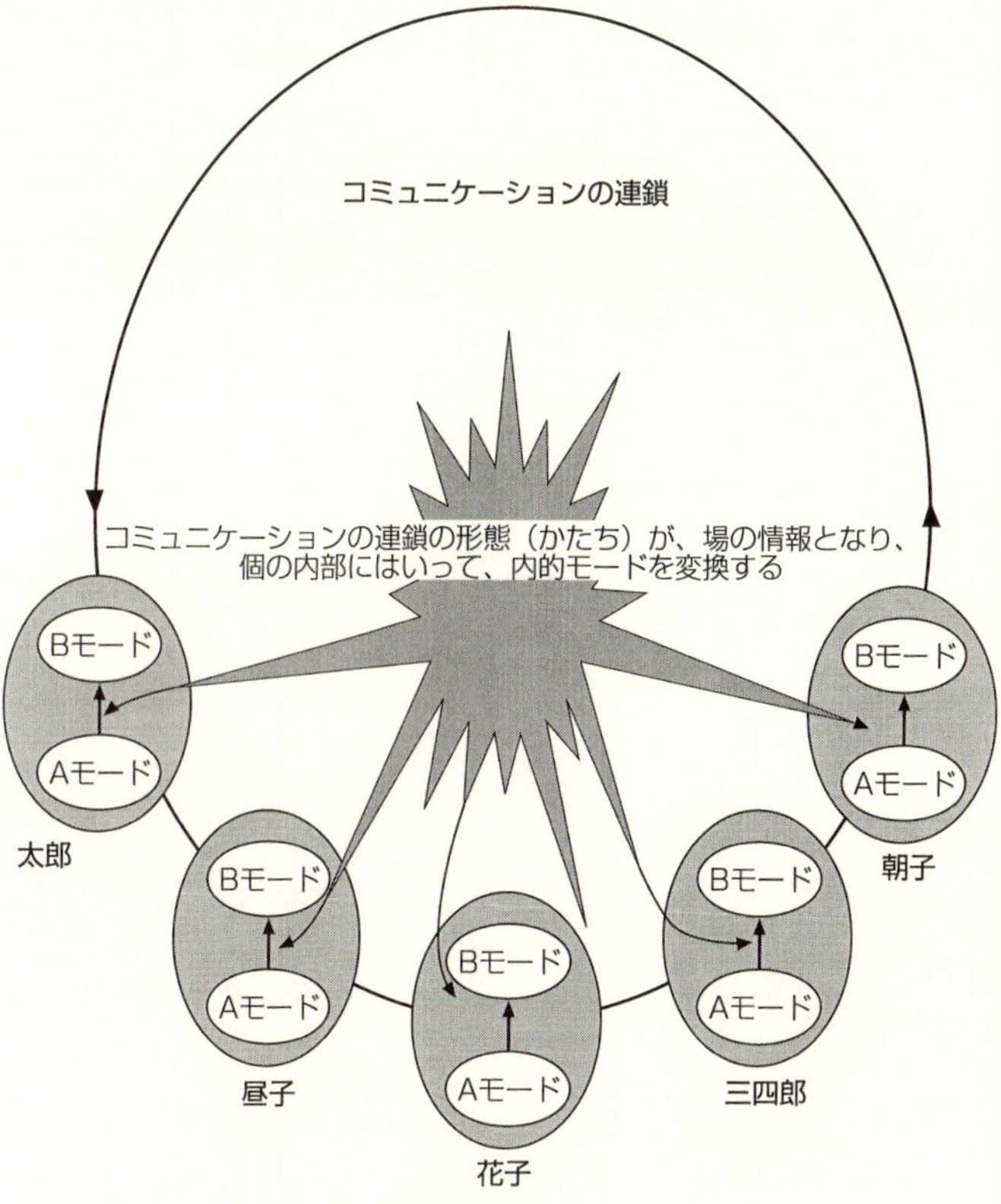

図３　内的モードの変換が連鎖する心理－社会的システム

プに切り替わる。と同時に、②その内的モードが切り替わった人々のコミュニケーションの連鎖が、次の時点の集合的な場のかたちを導く。③こうして成立した場の情報が、さらに次の時点の生徒たちの内的モードを変換する。

この繰り返しから、前ページ図3のような、心理と社会が形成を誘導しあうループが生じる（図3は単純化して描かれているが、実際は螺旋《らせん》状のループである）。これは、個を内部から変形しつつ、個の内側から個を超えて、社会の中で自己組織化していく作動系《システム》である。

以下の各節では、学校で生徒にされた人たちの生に即して、いかなる内的モード（心理）が、どのように、どのような領域で連鎖するのかを、よりくわしく考えていこう。

2――不全感と全能感の「燃料サイクル」

「みんなむかついていた」

次の事例は、前節の図3で示したような、心理‐社会的な作動系のもっとも単純なケースである。ここから、いじめの場でよくみられる、心理‐社会的なメカニズムの輪郭線を描いてみよう。

【事例7・軍団】

公立のA中学の一年生に「軍団」なる暴力グループが発生した。上級生の暴力グループに「目をつけられた」者たちが対抗的に団結したのが結成の発端であったが、しばらくすると少年たちは「軍団」にふけりはじめた。それ以前の彼らは、特別に問題のある少年たちではなかった。また、おいたちや家庭環境にとりわけ問題があるとも思えなかった。

彼らは二年生になると学校や地域を「制覇」しはじめた。彼らは、同学年のクラスに次々と乱入し、手当たりしだいに殴った。授業中にも乱入した。廊下で誰かれかまわず因縁《いんねん》をつけては、卑屈な態度をとらない者を殴った。気にくわないと思った下級生には「焼きを入れ」た。上級生グループや他校のグループとも抗争した。他校との抗争中には、路上でその学校の生徒を見つけると、無関係な者でも殴った。また抗争に木刀などの武器を用いることもあった。A中学の生徒たちは暴力支配におびえて暮らした。

「軍団」の暴力に、教員も保護者もなすすべがなかった。彼らは、事態を教育の問題ととらえ、司法による解決や出席停止を嫌った。親のグループは（自分の子どもが被害を受けたにもかかわらず！）加害少年を敵視せず、話し合いの場では、健全な育成を願う会話がなされた。周囲から嫌悪の対象となり、針のむしろに座らされたのは、抜け駆け的に警察に相談した被害者の親や、暴行により身体に傷を負ったとして生徒を告訴した一教員であった。

教員たちは、彼らの卒業を待ち、その後に「生活指導」の引き締めを図る方針をかためた。

つまり、暴力グループが何をしても警察を呼ばず、出席停止にもせず、被害者に対してやりたい放題やらせておき、そのかわりに、もともとおとなしい新入生を服装・髪型などの校則でしばりつけ、「なめられない」ように教員への「不遜《ふそん》行為」をとりしまり、学校行事に強制動員することで、「学校の秩序」を回復しようとした（A中学の生活指導担当教員は、生徒が起こす問題行動のひとつひとつを丁寧《ていねい》に説明してくれた。そのなかに出てきたのが、教員に対する「不遜行為」という名の項目であった。これは、暴行、傷害、窃盗、脅迫といった犯罪と、同列に並べられていた）。

「軍団」のつきあいは卒業後も続いている。彼らは集まっていっしょにいることを好む。彼らの中心メンバーの多くは高校を中退し、定職を持たず、街を徘徊しては他のグループと抗争したり、さまざまな事件で警察に逮捕・補導されたりしている。

筆者は彼らの居住地域にしばらく滞在し、行動を共にした。少年たちは自慢話に花を咲かせ、筆者はひたすら興味深く聞いた。

彼らは中学時代の被害者について、次のような話をおもしろおかしく話し、笑い興じる。

①不良に反感を持っているまじめな生徒を待ち伏せして思いきり蹴ったら教室の端から端まで飛んでいって、鉄パイプのようなものに頭をぶつけた。さらに彼に土下座させて謝らせ、ふんづけた。

②「弱すぎるからふざけて殴っていた」生徒が、二日間「飯を食えなくなった」。彼はバナナを一本持って学校の前まで来たが、足がふるえて歩けなくなり、学校に近寄れない。それから○○公園に行き、遺書を書き自殺しようとしたが、未遂で終わった。

当時、彼らは何に対しても「むかつく」「むかつく」と言っていた。たとえばある少年は、朝起きて親とけんかしてむかつく。学校に行って男子と女子が仲良くしているのを見てむかつく。廊下を歩いていて理科室のにおいがしてむかつく。「廊下が気にくわねえ」。といった具合である。また別の少年は、自分たち以外の者が「調子に乗っている」とむかつくと言う。「調子に乗る」とは、たとえば授業中にうるさいとか、女といちゃいちゃするとかいったことである。

中学時代の彼らはむかつくと誰かれかまわず殴る。気がおさまるまで殴る。あばれたらすっきりする。

彼らは当時をふりかえって言う。「みんなむかついていた。みんなあばれていたよ」「どうしようもなかったよ」「楽しかったな」「狂気だよね」。「軍団」活動のピークと、彼らが「むかつく、むかつく」と言っていたピークとはだいたい一致している。

少年たちは仲間内で悪いことをしたことを自慢しあう。すごいと思われるとうれしい。暴力は「力の誇示」であり、その「力」を仲間同士でほめあう。たとえばある少年は別の少年のことを、「強い・危ない・かっこいいと三拍子そろった」といったふうにほめる。彼らは学校を制覇し、他校のどこにも負けないと誇る。それに対して筆者が「甲子園大会で優勝したようなものだな」と言うと、じつに嬉しそうな表情をする。ある少年は「かっこわるいやつは弱い」という。強いと後輩から「神様みたいに」あがめられ、女子からもてるから気持ちがいい。

ある少年は、当時学校の便所に放火したことを自慢する。別の少年は、校長室に乱入し「何でクラス替えしねえにゃ、こらっ」とヤクザの口まねをしながら椅子を蹴り、おびえた校長が逃げたことを自慢する。別の少年は、シャベルを持って暴走族を待ち伏せし、殴りつけていたことを自慢する。

「軍団」の少年たちは、「友だち」がいちばん大事と口をそろえて言う。彼らは「友だち」のかっこよさや強さをうれしそうにほめたたえる。だが話をよく聞いてみると、ある時仲が良かった「友だち」が、次にはぼろくそに言われている。

たとえばある少年Aは少年Bと特別仲がいいと語っていたし、実際にそのようであった。しばらくたってBが「つきあいが悪い」ということで仲間内の悪口の標的になると、AはBをぼろくそに言う。たとえば、Aは自分たちのメンバーの名前を挙げながら、「こんなか、かっこわるいのいないっす」と言った。その直後に誰かが「B以外」と言うと、Aが「B以外みんなかっこいいっす」とことばを続け、まわりがうなずく。

また、ケンカがいちばん強いことからリーダー格と目されていた少年Cも、「つきあいが悪い」ということで悪口の標的になったことがある。

彼らが集まるときはいつも他の人たちの話をする。話題としては、先輩の話と、その場にいない仲間の悪口が多い。つきあいが悪いものは悪口の標的にされる。

少年たちは、これまでの人間関係の経緯をすべて記憶しているが、このことを感情的には切り離していた。「けっこう不安定な人間関係だね」という筆者に対して、少年たちは「みんな、仲いいですよ」と答えた。

ある少年はあらゆることにむかつくと言いながら、仲間について次のように語る。「ひとりでいたらむかつく。ひとりでいると胸がもやもやしてくる。仲間といると、ひとりのむかつきがおさまる」。

筆者は別の少年と二人で話した。彼は仲間から「強い・危ない・かっこいいと三拍子そろった」とほめちぎられていた少年である。「軍団」と縁が切れたら自分はどうなると思うかと尋ねると、彼は「弱くなる」と答えた。①両親が死んだら、②(結婚するつもりの)彼女にふられたら、③学校を退学になったら、弱くなると思うかという質問に対して、彼は「思わない」と答えた。仲間といて何が与えられるのかという質問に対して、彼は「仲間といると何でもできるっていうか」「自分を守るっていうか」と答えた。

あるとき彼が盗んだバイクの件で仲間が警察につかまり、彼はチクったという疑いをかけられた。そのときどう感じたか尋ねると、彼は「むかついた」と答えた。この件で仲間と縁が切れそうになったときどう感じたかという質問に対して、彼は「強いほうにつくっていうか。そういう疑われたりしても、強いやつが、そう言えば従うというか」と語った。

彼に円グラフをイメージしてもらい、自分にとっての重要度という点で、「軍団」

の仲間、親、結婚するつもりの彼女、学校がそれぞれ何パーセントになるかを答えてもらった。彼は、「軍団」四〇パーセント、親二〇パーセント、彼女二〇パーセント、学校二〇パーセントと答えた。

次に筆者は、A君、B君、C君、D君……と、「軍団」のひとりひとりの名前を挙げながら、自分にとってどのぐらいの重要性があるかを尋ねた。「ひとりひとりは、べつに、何とも思わないです」「とくべつ仲いいとか、そういうわけでもないです」という答えであった。

同じように円グラフをイメージしてもらうと、彼はひとりひとりの重みは「1ぐらい」と答えた。筆者は、「たとえばA君B君C君とあなたの四人で会うと仲間の重要性は40だけど、ひとりの個人だと1になるんですね」と尋ねた。彼は「はい」と答えた。

（筆者のフィールドワークによる）

少年たちの「むかつき」

少年たちは、何に対しても「むかつく」と言う。しかしじつのところ、当の本人たちも、自分が何に「むかついて」いるのかわかっていない。

この「むかつき」は、「おなかがすいた」「歯が痛い」「あいつに嫌なことをされたけど、仕返しをすることができないからくやしい」といったものではない。また、何をしたら解消するといったものでもない。親とけんかしても／しなくても、男子と女子が仲良くしていても／していなくても、理科室のにおいがしても／しなくても、彼らは「むかつき」続けるだろう。

この「むかつき」は、何かに対する、輪郭のはっきりした怒りや不満ではない。そうではなくて、「存在していること自体がおちつかない」、「世界ができそこなってしまっている」ような、漠然とした、いらだち、むかつき、おちつかなさ、である。こういう、いわば存在論的な不全感に直面したときの、かけ声が、「むかつく！」なのである。

さて、少年たちは仲間と集まり、暴力によってかたちを与えられる全能感によって、この「むかつき」から「守られ」、「何でもできる」気分になる。この奇妙な気分は、さきほどの存在論的不全感を初期条件として生じる、その不全感の反転（逆転の感覚）現象である（図4）。

つまり、不全感をかかえた者の心理システム（認知情動システム）が誤作動（暴発）を起こし、突然、世界と自己が力に満ち、「すべて」が救済されるかのような「無限」の感覚が生成する。本書では、あらためて、この誤作動の感覚を全能感と呼ぶ。また、この錯覚に駆り立てられて欲望が向かう（ありもしない）「無限」の状態を、全能と呼ぶ（全能の成立に

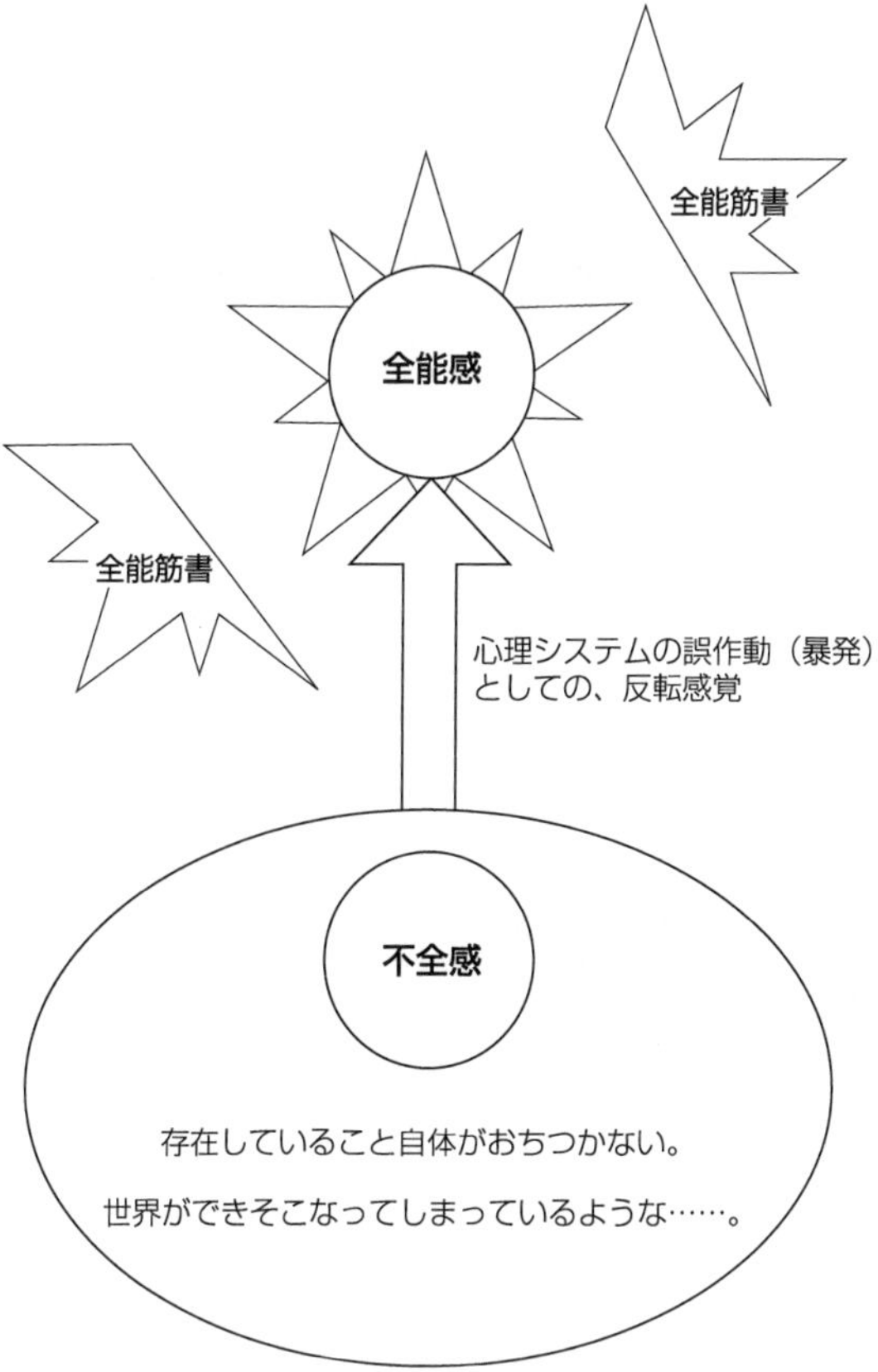

図4　不全感から全能感が生まれるからくり

ついては、拙著『いじめの社会理論』〔柏書房〕も参照されたい）。

群れと暴力

この全能感は、軍団の少年たちの場合、仲間を媒介することによってしか得られない。仲間と疎遠になると自分が「弱くなる」。このように全能感を生み出す媒体としての仲間の重要性は、ときとして親や恋人や学校よりも重くなる。しかし、「軍団」のひとりひとりの重みは無にひとしい。

少年たちの集団は、最初は上級生の暴力からの自衛という共通の目標のために組まれたものであった。しかし、いったんできあがった「軍団」は、そのきっかけ要因から離陸して、前掲の図3（59ページ）のような心理－社会的なシステムとして作動しはじめた。

彼らの暴力は、仲間関係に位置づけられている。群れの暴力は、孤独な暴力では感じることができない、お祭り的な全能感をもたらす。彼らはただ暴力を振るうだけでなく、それを仲間うちでしきりにしゃべり、承認を求め、偉業をほめたたえあう。このように、暴力自体の全能感と、暴力を中心に群れて響きあう全能感が、ひとつの**お祭り感覚**に圧縮されている。このようなお祭り的な全能感を中心にして、少年たちはさらに群れて交わる。

つまり、以下のようなプロセスが繰り返される。

①暴力の全能感を中心にして群れが形成される。
←
②この群れのかたちに枠づけられて、次の時点の暴力の全能感が成立する。
←
③この暴力の全能感を中心にして次の時点の群れが形成される。

さらに、これが繰り返されるほどに、暴力の全能感と群れることの全能感が折り重なって癒着《ゆちゃく》していく。

このサイクルは、図3のような心理的なモード変換（A→B）の連鎖でもある。

心理社会的な燃料サイクル

少年たちは、「軍団」ができる前は、普通の生活に満足し、「むかつく」「むかつく」といった生活を送っていたわけではない（図3のAモード）。ところが「軍団」のサイクルがまわるにしたがって、前述のように全能を求める内的モード（図3のBモード）が著しく中心化し、そのことによって、もともとの内的モード（Aモード）による生のリアリティが解体し、希薄になり、今まで慣れ親しんだ世界ができそこなっていく。そして、この世界ができそこなう効果として、最初の存在論的な不全感（「むかつき」）が再生産される。その不全感から、さらに全能を求める。これが繰り返されて、不全感と全能感の、いわば心理‐社会的な「燃料サイクル」が完成する。

このようなサイクルの中で、少年たちが「むかつく」「むかつく」と言っているピークと、「軍団」活動のピークが一致するのは、当然である。また、少年たちは、全能の暴力祭りを起動するための触媒として「むかつく」よう、自分たちの心理状態を操作し、これみよがしに「むかつく」「むかつく」(=「祭りだ」「祭りだ」)と声をあげているようにも見える。

以上のような心理‐社会的なサイクルが回ることで、「軍団」は最初のきっかけ要因(防衛のために団結する必要)から離陸し、それ自体の内的論理によって自立した。そして少年たちは、「軍団」に寄生された寄主(カタツムリ、ヨコエビ、ミツバチ)のような生活を送ることになる(図2および図3、58、59ページ)。

彼らは「軍団」のBモードどおりに、人の命を虫けら扱いし、被害者が死んでもおかしくないようなことを平気で行った。そして仲間も、群れて全能が響きあうための共鳴板にすぎず、一個人としては無に等しい。少年たちには、仲間はいても友だちはいない。

次節以降では、他人を思い通りにしたり、いじめをしたりすることによって全能を求める、心理‐社会的なメカニズムをより詳しく説明していこう。

3――他者をコントロールすることで得られる全能

「全能筋書」

前節では、もっぱら暴力によってかたちを与えられる全能の感覚をとりあげた。暴力に限らず、さまざまな生の場面において、全能感は、まずもって不全感を初期条件とする反転の感覚として生じる（前掲図4、69ページ）。すなわち、不全感をかかえた者の認知情動システムが誤作動（暴発）を起こし、突然、世界と自己が力に満ち、「すべて」が救済されるかのような、曖昧な「無限」の感覚が生まれる。

このように全能はもともと錯覚であり、かたちがない。しかし、全能に憑《つ》かれた人は、何らかの別の生のかたちをうつしとり、全能をその筋書《かたち》に託して具現する（具体的なかたちにしてあらわす）ことを、執拗《しつよう》に求める（図5、75ページ）。わたしたちは、白紙の状態ではなく、一定の筋書によって、ものごとを欲望し、体験するようにできている。体験のひな型が、いつもお好みの筋書によって世界を描き出すようスタンバイしている。全能という錯覚（図4参照）をしつこく求め続けるためには、そのための体験の筋書を、ほかの場所から転用して「でっちあげ」続けることが必要になる（本書では「筋書」という語を、このような原理的・根本的な意味で用いている）。

このように、全能の気分を味わうための筋書を本書では「全能筋書」と呼ぶ。たとえば前節の「軍団」の事例では、上級生から身を守るための「実用的」な手段としての暴力のかたちが、全能筋書に転用されている。

暴力にかぎらず、暴走、セックス、スポーツ、アルコール、社会的地位の獲得、蓄財、散財、仕事、ケア、苦行、摂食、買い物、自殺など、ありとあらゆるもののかたちが、この全能筋書に流用されうる。

本書で問題にするのは、他者をコントロールするかたちを用いた全能筋書である。多くのいじめは、集団のなかのこすっからい利害計算と、他人を思いどおりにすることを求めるねばねばした情念に貫かれている。この情念の正体は、他人をコントロールするかたちを用いた、全能気分の執拗な追求である。

自分の手のひらの上で

この、他者をコントロールする全能というものについて、掘り下げて考えてみよう。

たとえば、コップを壁にたたきつけて粉々に砕いても、そこには他者コントロールの手応えはない。

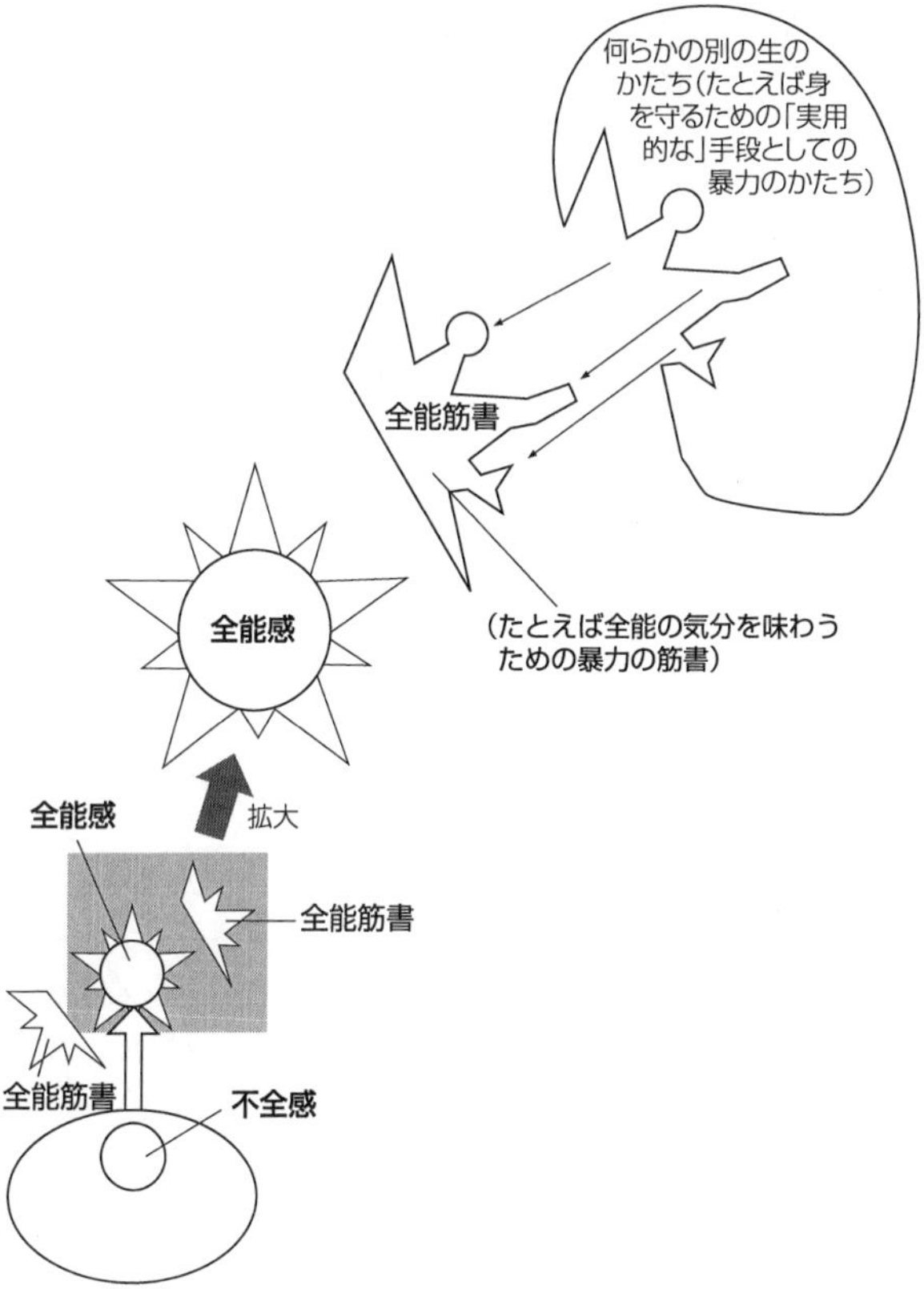

図５　別の生のかたちをうつしとって、全能筋書に転用する

それに対して他者は、自己とは別の意志を有しており、独自の世界を生きている他者である。だからこそ、いじめ加害者は、他者の運命あるいは人間存在そのものを、自己の手のうちで思いどおりにコントロールすることによって、全能のパワーを求める。思いどおりにならないはずの他者を、だからこそ、思いどおりにするのである。これを、**他者コントロールによる全能**と呼ぼう。

他者コントロールによる全能には、さまざまなタイプがある。いじめによるものは、そのうちのひとつだ。他者コントロールによる全能にふける人は、いじめと境界が曖昧な、近接したジャンルの他者コントロールに血道をあげていることもある。

たとえば、世話をする。教育をする。しつける。ケアをする。修復する。和解させる。蘇生させる。

こういうケア・教育系の「する」「させる」情熱でもって、思いどおりにならないはずの他者を思いどおりに「する」ことが、好きでたまらない人たちがいる。

このタイプの情熱は、容易に、いじめに転化する。というよりも、しばしばいじめと区別がつかないようなしかたで存在している。いろいろ細かく世話をしたがる情熱を周囲にぷんぷん発散している人は、他人を思いどおりに世話するお好みの筋書を外されると、悪口を言ったり、嫌がらせをしたりする側にまわるものである。

他人を自分が思い描いたイメージどおりに無理矢理変化させようと情熱を傾け、それを当人に拒否されたり、周囲から妨げられたりすると、「おまえが思いどおりにならないせいで、わたしの世界が壊れてしまったではないか」という憎しみでいっぱいになる。「わたしの世界を台なしにしたおまえが悪い。そういうおまえを、台なしにしてやる」というわけである。この思いどおりにならない者への復讐もまた、しばしば教育や世話の名のもとに行われる。

なかには、かいがいしいケアによって他人を回復させる感動体験に、欲望を駆り立てられてやまない人々がいる。自分がコントロールする手のひらの上で、他者が生死の境をぶるぶるふるわせながら、すっぱだかな、むきだしの生になっていく。それがたまらない。子どもをわざわざ溺《おぼ》れさせてから、蘇生させて感動を味わう、といった蘇生マニアの犯罪も、まれに報告される。

いじめによって全能感を享受するしかたも、ケアや教育といったものと、その根幹部分を共にしている。

いじめの加害者は、いじめの対象にも、喜びや悲しみがあり、彼（彼女）自身の世界を生きているのだ、ということを承知しているからこそ、その他者の存在をまるごと踏みにじり抹殺しようとする。いじめ加害者は、自己の手《コントロール》によって思いのままに壊されていく被害者の悲痛のなかから、（思いどおりにならないはずの）他者を思いどおりにする全能の自己を生きようとする。このような欲望のひな型を、加害者は前もって有しており、それが殴られて顔をゆがめるといった被害者の悲痛によって、現実化される。これがいじめの全能筋書である。

4──〈全能はずされ憤怒《ふんぬ》〉

「おまえが思いどおりにならないせいで」

他者コントロールによる全能を求める者は、他者に侵入し、コントロールを試みる。そして、自己の身体の延長のように思いどおりにコントロールされる他者の内側から、全能の自己を生きようとする。

このように、自己ならざる他者の中から全能の自己が生きられるのであれば、その自己をうつしだす他者のふるまいしだいで（他者が思いどおりになってくれないというだけで）、うつしだされるはずの全能の自己は容易に解体してしまう。あとに残るのは、不全感である。

そこから、いじめ加害者によく見られる独特の被害感と、憎悪と、残酷が生じる。そこには加害者なりの独特の論理がある。

それは、次のような、じつに手前勝手な論理である。

「おまえが思いどおりにならないせいで、わたしの世界が壊れてしまったではないか」

「わたしの世界を台なしにしたおまえが悪い。そういうおまえを、台なしにしてやる」


被害者が、いじめられるのを拒否すると、多くの場合、加害者のほうが、このような「態度をとられた」ことに、独特の被害感覚、屈辱感、そして激しい憤怒を感じる。そして、全能の自己になるはずの世界を壊された「被害」に対して、復讐をはじめる。このような憤怒を〈全能はずされ憤怒〉と呼ぼう。

はっきりとした拒否だけではない。いじめ被害者が、自分の身体の延長のようにふるまわなかった、あるいは、自分とは別の人格を有する他者として、独自の生を生きているように感じられた、といったことすら、加害者の側には、自分たちの世界にひび入《い》った手に負えない疵《きず》として感じられる。そして、そのような態度を「とられた」側は、どうしようもない被害感と憤怒を感じる。
このような「全能をはずされた」憤怒による攻撃衝動は、目標に対する障害を退けようとする戦略的な攻撃とは異なり、しばしば相手を滅ぼし尽くすまで止まらない。思いどおりになるはずのいじめ被害者（奴隷）が思いどおりにならないときの憤怒の激しさは、完全なコントロールによる全能を期待し、必要とし、またそれを外された場合に感じる不全感によるものなのだ。

全能の自己が孵化《ふか》する肉塊

事例をみてみよう。

【事例8・主人《ヘル》と奴隷《クネヒト》の弁証法】

ノンフィクション作家の佐瀬稔は『いじめられて、さようなら』（草思社）で、あるいじめ自殺について次のように綴っている。
「和夫は『おい、次郎。パンとジュースを買ってこい』と命じた。（中略）和夫にしてみれば、一年生のころから何度となくやらせていた日常的な使い走りである。（中略）まったく意外なことに、次郎は『いやだ。みつかったら先生に叱られる』と断った。

命じればなんでもやる。必ず言うことをきく。『だから次郎はオレのいい友達なのだ』と考えていたボスは、思ってもみなかった拒否に遭い、（中略）不審に思った。
　不審の念はやがて、抑えようのない怒りに変わる。命じた用事を拒まれたからではなくて、おのれの存在そのものを拒否された怒りだ。（中略）
『さっきのあれはなんだ。てめえ、オレの言うことが聞けないのか』。次郎は答えない。無言のまま、拒絶の表情を浮かべている。
　和夫は少しうろたえ、とっさに体勢を立て直し、おどし道具を取り出した。ビニール・コードの一方の端の被《ひ》覆《ふく》をはぎとり、銅線をむき出しにして球に丸めたものだ。
『おめえ、ほんとうにいやなのか』（中略）
　次郎は突如として床に膝をつき、両手を下ろし、土下座の格好となって言った。
『これで和夫君と縁が切れるなら、殴っても何をしてもいいです』（中略）和夫はいきり立った。『今、なんと言った。もういっぺん言ってみろ！』床に這いつくばった少年は、やっと聞き取れるぐらいの声で言った。『これで和夫君と縁が切れるなら、何をしてもいいです』夏休みの間中にけいこでもしてきたような同じ言葉。『野郎、オレをなめるのか！』和夫はビニール・コードを振るった。第一撃は頭に命中し、二発、三発とたて続けに腕や手の甲で音を立てた。見る間に、真っ赤なみみずばれが走る」

その後も、和夫は次郎を執拗にいじめ、次郎は首を吊って死んだ。

そして、和夫が次のようなことをしていたことが、明らかになった。


金をまきあげる。

タバコを七、八本立て続けに吸わせ、嘔吐《おうと》する次郎を見て、笑いころげる。

犬のように首にひもをまきつけ、床に這わせてひもを引っ張り歩き、すまきにして教壇に置く。

雑草を丸めて食えと強制する。

その他、針金、ごみ、洗剤などを食べさせる。

硬いブラシで顔をこする。

ひもで首を絞める。

温室に閉じこめて蒸す。

毎日のように暴行を加える。

水酸化ナトリウムを背中にかけて皮膚をただれさせる。

チクリに対する激しい暴行。

顔にマジックでいたずら書きする。

教員たちは警察に通報しなかった。

後に裁判で責任を問われた学校側は、「問題が起きたからといって、いちいち警察に届けるのは教育の放棄。裏切られても根気強く指導していくのが真の学校教育」と主張した。


（佐瀬稔『いじめられて、さようなら』草思社、畑山博『告発』旺文社、高杉晋吾「「いじめ」が死を呼ぶ残忍風土」『現代』一九八五年一二月号、同「いじめを生む教育の軌跡」『中央公論』一九八六年三月号、などより）

被害者の次郎は、最後には追い詰められて自殺している。蜂の卵が孵化するとき芋虫の体を食い破っていくように、和夫は次郎に棲《す》みつき、侵食していく。次郎は和夫の全能の自己が孵化する肉塊として、和夫の延長された身体でなければならないのだ。

5――いじめの全能筋書の三つのモデル

全能筋書は圧縮されたり切り替わったりする

いじめの加害者が全能気分を味わう筋書には、次項以下で説明するが、①「破壊神と崩れ落ちる生贄《いけにえ》」、②「主人と奴婢《ぬひ》」、③「遊びたわむれる神とその玩具」、という三つの基本単位がある。これらが、圧縮されたり切り替わったりして、いじめのプロセスが進行していくのである。これを、いじめの全能筋書の圧縮‐切り替えモデルと呼ぼう。このモデルを用いることで、理解しづらいいじめの多彩で奇妙なスタイルについて説明することができる。

まず、事例を見ていただきたい。

【事例9・葬式ごっこ　自殺まで】

中野区立富士見中学校二年生のC君は、同級生A、Bらのグループにいた。しかし、対等の関係ではなかった。

グループの生徒たちは、C君に毎日買い出しをさせた。それは時には一日五、六回になることもあった。彼らは、C君がエレベータを使うのを禁止し、マンションの八階や一〇階から、階段を使って使い走りをさせることもあった。鞄《かばん》を一度に五、六個持たせた。授業中に買い出しをさせ、それが教員に見つかって注意されると、C君に殴る蹴るの暴行を加えた。

C君は玩具《おもちゃ》でもあった。グループの加害生徒たちはC君に次のようなことをしていた。まばたきを禁止し、それができないと殴ったり、エアガンで撃ったりした。「二段跳び蹴り」をして、一メートルふっ飛ばした。顔にフェルトペンでひげを書き、廊下で踊らせた。サザンオールスターズの歌を一度に一五曲も歌わせた。バリケード遊びと称して、C君を囲むように、机を背の高さぐらいまで、周りに積み上げて、内側に一気に崩す。煙草を一度に六本も吸わせ、気絶させた。一年生を相手にけんかをするよう強制する。校舎の雨どいを登らせた。木に登らせて歌を歌わせた。

公園にたむろしているとき、グループの一人がC君に買ってこさせた缶入りスープが、ぬるかった。それを理由に、C君の上半身を裸にし、水を吹きかけて、コンクリートのすべり台に背中をつけてすべらせた。

C君が欠席しているあいだに、クラスの者たちにシカトを指令した。加害者の一人は、C君と話をする生徒に、「なんでお前、Cとしゃべるんだよう」「みんな、乗ってるんだよ」と言う。「なんでシカトなんだよう」と文句を言われると、「だって、おもしれえじゃん」と答えた。

グループはしばしば、C君に殴る蹴るの集団リンチを加えた。いじめについて教員やC君の親から注意をされると、そのことを理由にC君に激しい暴行を加えた。C君が命令を嫌がるそぶりを見せると、殴った。グループとのつきあいを避けてC君が電話に出ないと「C、殺すぞ」と脅した。


C君が自殺して八年後、ジャーナリストの豊田充は、当時の生徒たちにインタビューを試みた。彼らは、回想する（豊田『「葬式ごっこ」――八年後の証言』風雅書房）。

「成績がいいだけで、それだけでいじめられる理由になるから、わざと悪ぶったりとか。授業中わざと、まじめに聞かない連中と同じ態度を取ったりとか」

「不良っぽい口をきいたり、スカートを長くしたり、先生に逆らったりしていた。（中略）いじめが激しかったから、A君たちに目をつけられないように、調子を合わせていた部分もあった。（中略）私はいっつも気を使っていた。（中略）学校で毎日、世間を渡っている、という感じだった」

「教師に対してだって、弱いと見たら、なめてかかる。ある先生なんかには、面と向かって、『おい○○○』と、名前を呼び捨てにしてた。逆に、体育の先生には、だれも逆らわなかった。陰では『ヤーさん』と呼んでいても、トイメンでは『先生』だった。(中略)なめられたら、つけこまれるのは、先生だって同じだ。(中略)学校でいつも、強がっていた。攻撃態勢をとっていないと、弱みを見せたら、やられかねない。これが疲れるんだよねえ」

「一年のときは、若い女の先生が担任だったが、先生はカチカチに構えていて『私がこのクラスのボスだからね』と言ったりした」

「おれはまじめじゃないぞってところを、わざと作ったりして。本当は自分に合わないなっておもってるんだけど」

「一人だけ、まじめにやってると、『なんだよ、まじめー』とか言われそうで、その他大勢の中に、まぎれこもうとしていましたね」

「あの当時の友だちで親友だって言えるやつは、一人もいない。どんなに仲良さそうにしてても、心のどこかでおびえてる。

中学で初めて先輩・後輩の世界に入ったから、先輩にはどう対処したらいいのかわからないし(中略)いろんな意味でストレス感じてた時期じゃないかな」

C君以外にもひどいいじめにあって、阿鼻叫喚《あびきょうかん》の暴力のなかで壊れていった生徒がいた。しかし、周囲には、「かわいそう」と同情する感覚が、まったく存在しなかった。

（豊田『「葬式ごっこ」——八年後の証言』などより。なお、C君が自殺した後の経緯については、第1章の【事例2・葬式ごっこ　自殺の後】22ページを参照）

神を気どった遊び

加害者たちがしていることは、他者（被害者）の存在を、手のひらの上の粘土のように、壊したり、ねじ曲げたりして、自己のパワーを楽しむ、いわば神を気どった遊びである。いじめの全能は、自己の手《コントロール》によって壊されていく他者の悲痛の手応えのなかから、加害者が、力に満ちた自己の姿として手に入れる、鏡像の感覚である。その筋書は、いじめの対象（被害者）にも固有の感情や世界がある、ということを承知しているからこそ、そういったものや尊厳をいかに踏みにじるか、という遊びの筋書である。

これは、単なる内的なイメージではなく、一定の社会的な筋書を具体的に実現する刹那《せつな》に、現実のものとして成立する。これが、加害者の欲望のひな型となっている。加害者は、このひな型を、他者（被害者）を具材《よりしろ》として用いて、具体的に実現しようとする。全能を求める者は、リアルでゴツゴツした社会に出て行き、他者をねじ伏せ、他者の存在を、全能筋書を実現するための〈具材《よりしろ》〉として加工する仕事にはげまなければならない。

たとえばいじめ加害者は、前出の【事例8・主人《ヘル》と奴隷《クネヒト》の弁証法】や【事例9・葬式ごっこ　自殺まで】のように、被害者を激しく痛めつけて、魂の背骨をへし折って調教し、玩弄物《がんろうぶつ》としてグループで共同飼育するといったプロジェクトを成功させなければならない。このように加害者は、他者を全能筋書の〈具材《よりしろ》〉として加工し、その他者と自己の社会関係の形態《かたち》から映し出されることによって、いじめ加害者としての全能の自己を生み出すことができる。それは、蜂が芋虫を、卵を産みつける具材《よりしろ》とするようなものである。

いじめの三原色

ひとりひとりは、それぞれの社会的関係のなかで生きている。そしてその関係は「『○○な自己』と『○○な他者』」という基本的な構造からなっている。たとえば、「『かわいがられる赤ちゃんのような自己《わたし》』と『やさしいお母さんのような他者《あなた》』」とか、「『ボールを投げるピッチャーの自己《おれ》』と『ボールを打つバッターの他者《おまえ》』」といったような構造である。

それでは、いじめの全能筋書は、どのような「『〇〇な自己』と『〇〇な他者』」という構造を有しているのだろうか。それは、「『自分の手《コントロール》によって悲痛とともに存在が壊されていく他者』と『その他者の壊れゆく息づかいと手応えを享受しながら完全に他者をコントロールする自己』」というものである（いじめの全能筋書の自 - 他役割の基本形）。

この、いじめの全能筋書の基本形は、実際の場面で、具体的ないじめとして姿をあらわすとき、次の三つのタイプに分かれる（いじめの全能筋書の自 - 他役割の具体形）。

①「破壊神と崩れ落ちる生贄」
②「主人と奴婢《ぬひ》」
③「遊びたわむれる神とその玩具」

ちょうど、絵画の多種多様な色彩が、色の三原色が合わさることから生まれるように、さまざまないじめの全能筋書は、これら三つのレパートリーの組み合わせからなっている。そして、いじめのさまざまな形態も、この三タイプの組み合わせから説明できる。

これらのひとつひとつを説明しよう。

①「破壊神と崩れ落ちる生贄《いけにえ》」

これは、圧倒的な力によって被害者を一気に破壊するパワーを楽しむ筋書である。加害者が力を加えると、被害者は、その爆発的な勢いによって崩れ落ちる。

前掲【事例7・軍団】（61ページ）の少年たちは、もっぱら、このタイプの全能筋書に集中し、特化している。つまり彼らは、ひたすら、殴って、殴って、殴って、生きている。

それに対して、【事例8・主人《ヘル》と奴隷《クネヒト》の弁証法】（80ページ）や【事例9・葬式ごっこ　自殺まで】（84ページ）では、この「破壊神と崩れ落ちる生贄」は、以下で説明する別のタイプ（「主人と奴婢」、「遊びたわむれる神とその玩具」）と混ざり合ったり（圧縮）、別のタイプに切り替わったりして、ダイナミックに展開している。

②「主人と奴婢」

「主人と奴婢」は、命令－使役の筋書が、いじめの全能筋書として転用（流用）されたものである。

通常、誰かを奴隷扱いするとき、便利にこきつかうことと全能感を得ることは、一石二鳥になっていることが多い。しかし、（本来の？）実用的な奴婢使用の論理と、いじめの全能を達成するための「主人と奴婢」の筋書は、それ自体としては、別のものである。

たとえば前掲【事例9・葬式ごっこ　自殺まで】で、加害グループは、被害者がエレベータを使うのを禁止し、マンションの八階や一〇階から、階段を使って使い走りをさせた。このことを例にして考えてみよう。

エレベータの使用を禁止すると、買いに行かせたモノが手に入る時間が遅れる。利便性という観点からはマイナスである。

かつて人間が人間を財産として所有した時代の「主人」が、とくに忙しいときに奴婢を用いる場合はどうだろう。余計な苦痛を与えることによって奴婢が消耗してしまうことは避けるのではないか？　彼らであれば、使い走りをさせるときに、エレベータに乗って早くモノを買ってこい、と命令するであろう。

しかし、いじめの全能筋書としての「主人と奴婢」の場合は、その内的論理が異なっている。いじめの全能筋書を達成するために奴婢を用いる主人（いじめ加害者）にとっては、奴婢が肉体的・精神的に損耗することが必要条件となる。

すなわち、全能筋書の〈具材《よりしろ》〉としての奴婢は、人間存在そのものがトータルに主人の「もの」になって、こころもからだも、打てば響くように全人的にコントロールされることを、その生々しい疲労や消耗（壊れゆく存在の悲痛）によって、証《あか》さなければならない。被害者に人間としての余裕を与えることは、いじめの全能筋書の基本を台なしにする。

ひらたく言えば、いじめられる身分の者は、「余裕をみせて」いてはいけない。いつも「ひぃひぃ」生きることによって、その「ひぃひぃ」の内側から、主人の全能のパワーを、打てば響くように照らし返していなければならない。

このように考えれば、エレベータの使用を禁止するのは、加害グループにとって、しごく当然であることが理解できるだろう。

金をおどし取る場合などでは、金銭的な利益追求が占める割合が大きくなるが、それと同時に、おどして「ひぃひぃ言わせる」ことによる他者コントロールの全能筋書が追求される。得になることで楽しむのである。このことについては、第4章で、利害‐全能マッチングの論理として、詳しく論じる。

③「遊びたわむれる神とその玩具」

悪ふざけによって、通常の条理を「ありえない」やりかたで変形させることも、世界を左右する無限のいとなみとして、全能筋書となる。全能感は、笑い転げるというかたちで享受される。遊びたわむれる神は笑いながら世界を破壊しつつ創造する。

つまり、あらたな接続線を引いて世界の別次元の脈絡をありえないようなやりかたで強引に結びつけ、思いのままに条理そのものを一気に破壊しつつ再創造する。そして、その思いもよらぬ形態変化の愉快なかたちに笑い転げるのである。

　この遊びたわむれる神の全能筋書自体は、もともとは、いじめの全能筋書とは異なるものである。全能筋書のなかでも、もっとも愛すべきものたちであるといってもよいだろう。

　ところがこの愛らしい遊びの神々は、「自分の手《コントロール》によって悲痛とともに存在が壊されていく他者と、その他者の壊れゆく息づかいを享受しながら完全に他者をコントロールする自己」といういじめの全能筋書を具現するための「部品として」流用（転用）されるやいなや、陰惨な顔つきに変わってしまう。

　そして、いじめの全能筋書として転用された「遊びたわむれる神とその玩具」が、欲望のひな型になることによって、いじめに最悪の「豊かさ」がつけ加えられる。

　実際、自己の目標達成の障害となる相手の意志を粉砕するための手段として、威嚇《いかく》や苦痛を与える（簡にして要を得た！）戦略的な攻撃と比較してみると、いじめの迫害様式はあまりにも手が込んでいる。よくここまで思いつくものだと感心せざるをえないいじめの様式を、加害者たちは創造する。

　たとえば、手に積ませたおがくずにライターで火をつける。足をはんだごてで×印に焼く。ゴキブリの死骸《しがい》入り牛乳を飲ませる。靴を舐《な》めさせる。便器に顔を突っ込む。性器を理科の実験バサミではさんだり、シャープペンシルを入れたりする。被害者が死んでもおかしくないような激しい暴力にも、歌や奇妙な命名や振付がしばしば付随する。

【事例8・主人《ヘル》と奴隷《クネヒト》の弁証法】（80ページ）や【事例9・葬式ごっこ　自殺まで】（84ページ）に、もう一度、目を通していただきたい。これらの事例では、「遊びたわむれる神とその玩具」の多彩なかたちがにぎわっている。これらのかたちの多くは、世界中のさまざまな地域に共通した定型でもある。たとえば、ヒモでクビを縛って人間を四つんばいにして犬にする、草を食わせる、といった定型は、ノルウェーのいじめ研究者オルウェーズによる事例【事例17・クラスメイトの玩具】（193ページ）にも見られる。

極度に相互依存的な関係

さて、いじめの全能筋書を具現する〈具材《よりしろ》〉として被害者が使用される、ということについて、さらに考えていこう。

いじめ被害者は、内部に侵入しかきまわし・その内側から自己の全能を顕現《けんげん》しつつ生き直し・自分が癒される、といったことのために加害者が使用する〈容《い》れ物《もの》〉である（〈容れ物〉についてくわしくは第3章1節（108ページ）参照）。いじめ被害者が、適切な方法で、この子宮のような〈容れ物〉として機能することで、加害者の体験の構造が救われる（かのような錯覚が生じる）。いじめを生きる者たちは、全能筋書を具現して自己を補完する他者、自己の延長として情動的に体験される〈容れ物〉としての他者を必要としている。この体験構造ニーズが、いじめの執拗さをもたらしている。

右に挙げた三つの全能筋書においては、自己と他者（具材《よりしろ》）は極度に相互依存的である。たとえば、「生贄」が、意のままに「崩れ落ち」てくれなければ、「破壊神」は「パワー」の感覚に満たされることができない（「破壊神と崩れ落ちる生贄」）。「奴婢」が打てば響くように応え、意のままにならなければ、「主人」自体が崩壊してしまう（「主人と奴婢」）。「玩具《おもちゃ》」が、打てば響くように、鮮《あざ》やかな形態変化を起こしてくれなければ、「砂遊びをする神」は死ぬ（「遊びたわむれる神とその玩具」）。

このような意味で「完全にコントロールする」自己は、自己の存立に関して、「完全にコントロールされる」他者からの応答性をあてにしている。これらの応答性を資源とした全能筋書の具現ができない場合、全能感によってごまかしてきたあの自己のまとまりの感覚の〈欠如〉、つまり不全感が露呈してしまう。

身分が下の者が思いどおりにいじめられてくれない場合、この不全感が露呈することによって加害者のほうが被害感を感じ、激怒する。全能筋書の具現を期待していた者がそれを「はずす」ことに対しては、〈全能はずされ憤怒〉（本章第4節）が生じる。

この憤怒が生じているときには、特に「破壊神と崩れ落ちる生贄」が誘発されやすい。〈全能はずされ憤怒〉は、他人が「思いどおりになってくれないせい」で崩壊しかけた自己のまとまりの感覚を、その他人を破壊する「破壊神」の感覚で再活性化させようとする、実に手前勝手な「自己修復」の営為でもある（ただし、「破壊神と崩れ落ちる生贄」が惹起《じゃっき》したからといって、〈全能はずされ憤怒〉が起こっているとは限らない）。

6――状況によって全能筋書は圧縮され、切り替わる

圧縮－切り替えモデル

たとえば失恋した人が甘いものを大量に食べることによって、空腹を満たす行動プログラムと、淋しい心を癒そうとする行動プログラムを一石二鳥で実現するように、複数の（体験のひな型となる）筋書が、ひとつの行為に圧縮されて具現されることを、（フロイトの概念を借りて）筋書の「圧縮」と呼ぼう。いじめの全能筋書は、次ページの図6のように圧縮されやすい。

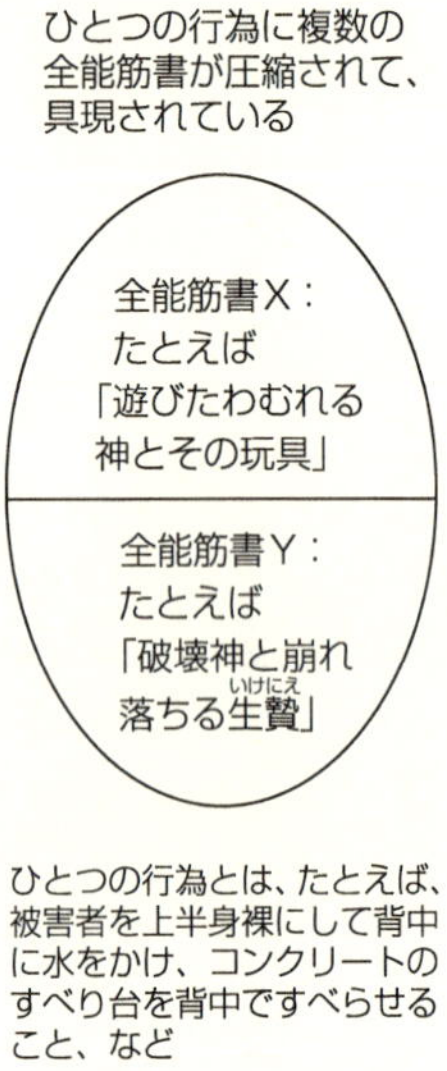
ひとつの行為に複数の
全能筋書が圧縮されて、
具現されている
全能筋書X：
たとえば
「遊びたわむれる
神とその玩具」
全能筋書Y：
たとえば
「破壊神と崩れ
落ちる生贄《いけにえ》」
ひとつの行為とは、たとえば、
被害者を上半身裸にして背中
に水をかけ、コンクリートの
すべり台を背中ですべらせる
こと、など

図6　全能筋書の圧縮

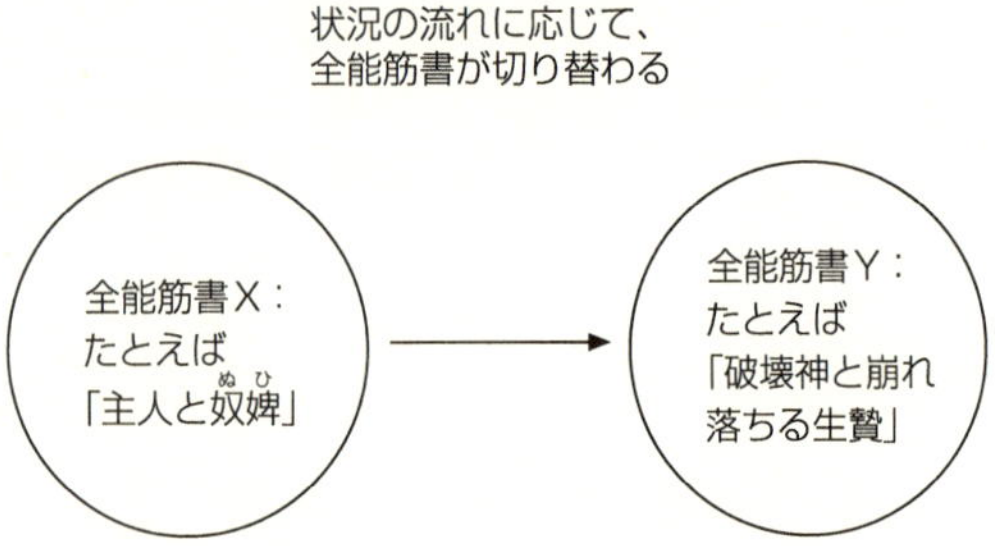
状況の流れに応じて、
全能筋書が切り替わる
全能筋書X：
たとえば
「主人と奴婢《ぬひ》」
全能筋書Y：
たとえば
「破壊神と崩れ
落ちる生贄」

図7　全能筋書の切り替え

また、即興で作曲をするときに、前のメロディーによって後のメロディーが決まるように、前時点の状況の推移に応じて、次に続く全能筋書は別のものに切り替わる。これを、全能筋書の「切り替え」と呼ぼう（図7）。

このように、いわば内側に書き込まれた欲望のひな型ともいうべき、さまざまな全能筋書が圧縮されたり、切り替わったりする動態を示すモデルを、全能筋書の「圧縮‐切り替えモデル」と呼ぼう。

全能筋書の圧縮‐切り替えモデルを用いて、これまでの事例を説明しよう。

前掲【事例8・主人《ヘル》と奴隷《クネヒト》の弁証法】（80ページ）で、次郎（被害者）が和夫（加害者）と縁を切ろうとしたとき、和夫は、「主人と奴婢」→〈全能はずされ憤怒〉→「破壊神と崩れ落ちる生贄」という、全能筋書の切り替えルートをたどった（次ページ図8）。

「主人と奴婢」の全能筋書を具現すべく次郎に使いっ走りを要求した和夫は、それを拒まれて自己のまとまりの不全感が不気味に迫るほど動揺し〈全能はずされ憤怒〉が生じる。それに誘発されて「破壊神と崩れ落ちる生贄」が呼び出されて具現される。すなわち全能筋書が、〈全能はずされ憤怒〉を介して「主人と奴婢」から「破壊神と崩れ落ちる生贄」へと、切り替わったのである。

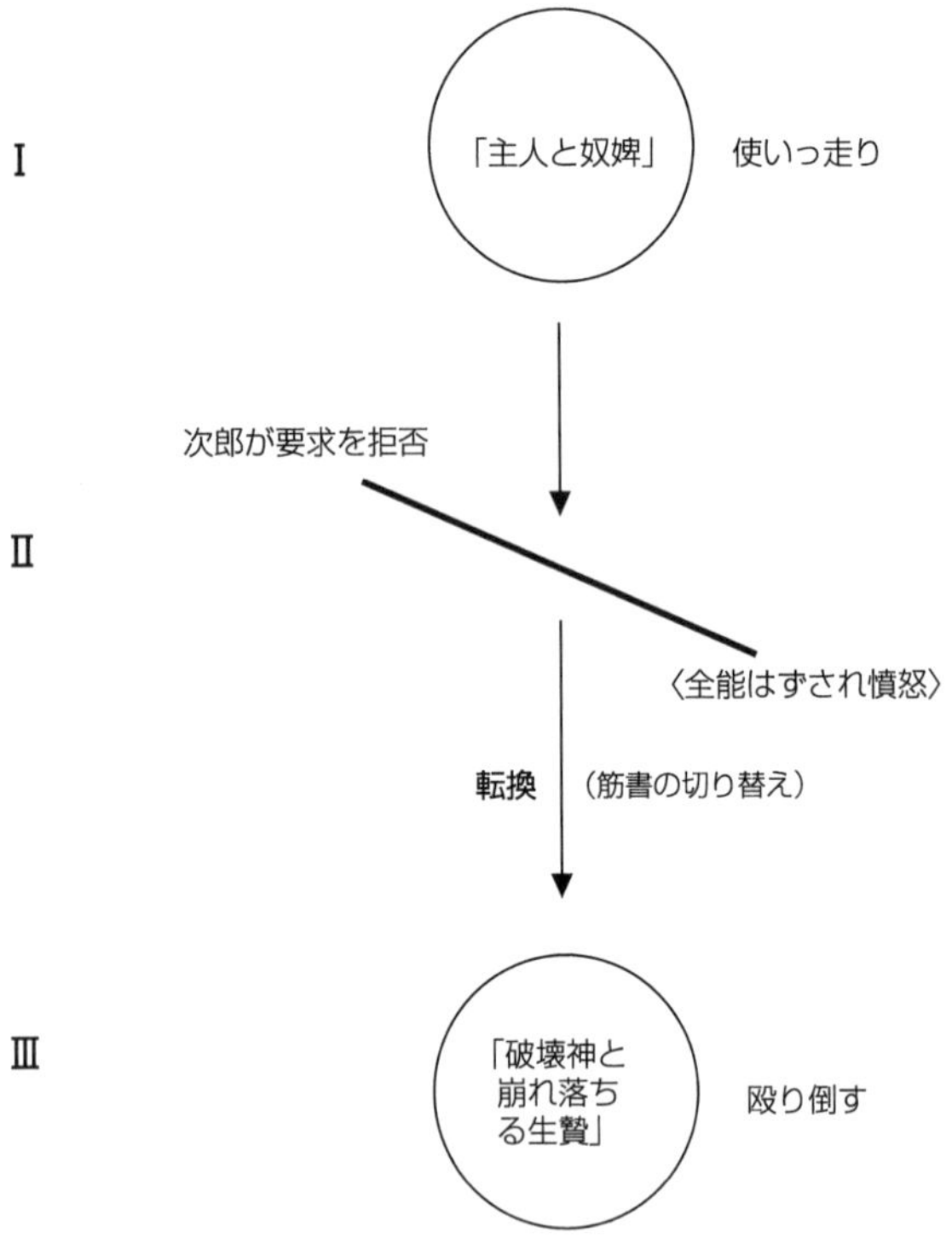

図 8 〈全能はずされ憤怒〉を全能筋書の圧縮－切り替えモデルによって説明する

遊び型暴力いじめ

【事例9・葬式ごっこ　自殺まで】（84ページ）では、加害者は「使いっ走り」である被害者に買ってこさせた缶入りスープが冷めていたことに怒り、彼の上半身を裸にして背中に水をかけ、コンクリートのすべり台を背中ですべらせた。

この「背中ですべらせる」ケースを分析してみよう。

まず次ページ図9のⅠから順に見ていただきたい。

使いっ走りは、いつもの常習的な「主人と奴婢」の全能筋書である。次に、缶スープが「ぬるい」というミスから、そむく心（受動攻撃性）を読み込んだ加害者たちは、〈全能はずされ憤怒〉（本章第4節）により、「破壊神と崩れ落ちる生贄」を具現する体制に入る（図9の、Ⅱ→Ⅲ）。これは、「任意の全能筋書」→〈全能はずされ憤怒〉→「破壊神と崩れ落ちる生贄」の基本ルートである（同Ⅰ→Ⅱ→Ⅲ）。

これだけであれば、たとえば「殴り倒す」という行為が生じたであろう（同Ⅲ）。だが同じ人物に対して「破壊神と崩れ落ちる生贄」が何度も繰り返されている場合、「遊びたわむれる神とその玩具」が圧縮されるようなやりかたで「破壊神と崩れ落ちる生贄」が具現されやすい（同Ⅲ→Ⅳ）（**反復的虐待における遊戯混入の経験則**）。

結果として「破壊神と崩れ落ちる生贄」と「遊びたわむれる神とその玩具」が圧縮さ

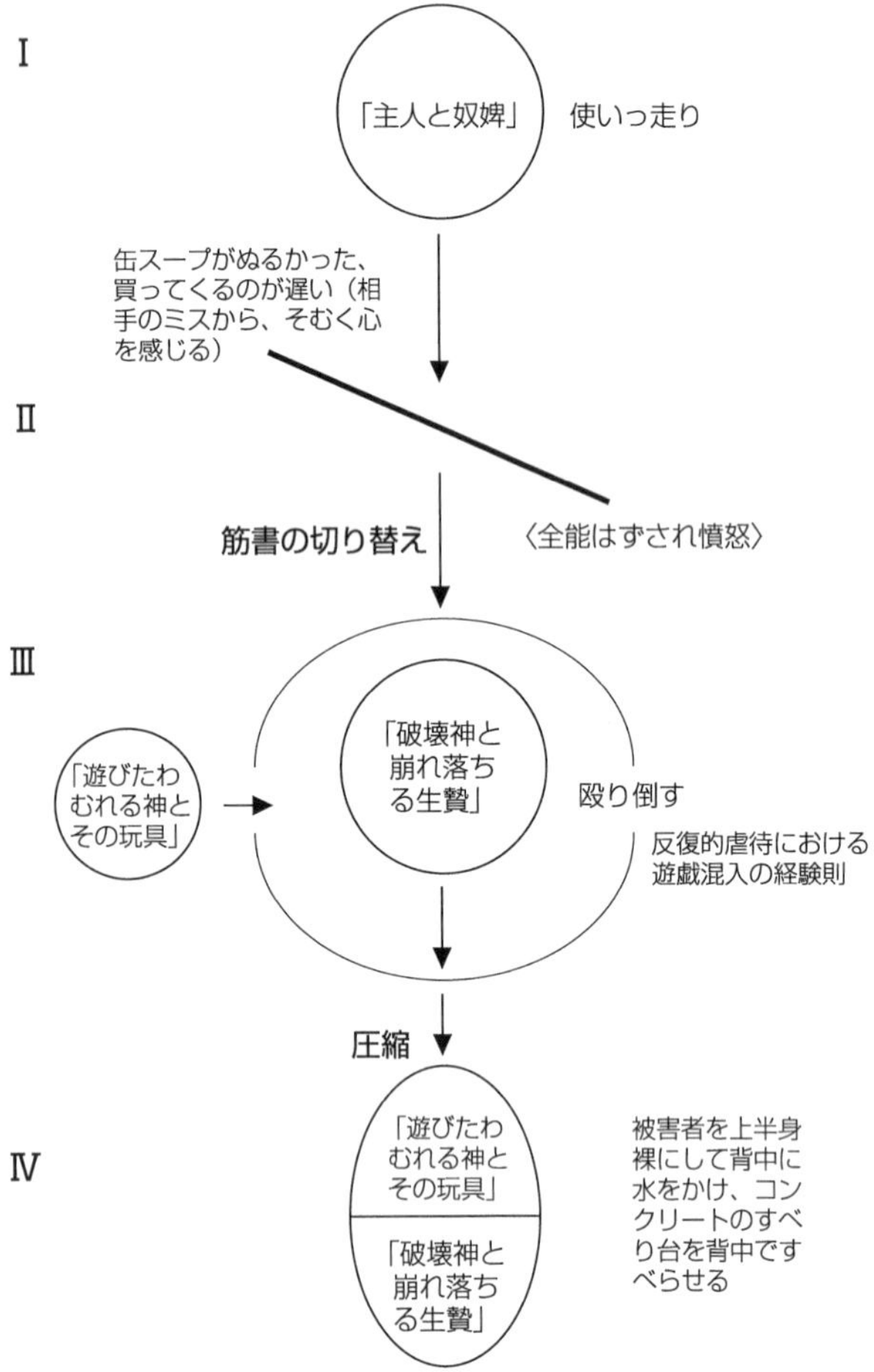

図9　複雑な現実（たとえばコンクリートのすべり台を背中ですべらせるいじめ）**を、全能筋書の圧縮－転換モデルによって説明する**

れ、「殴り倒す」かわりに「背中に水を吹きかけて、コンクリートのすべり台ですべらせる」事態が起こった（同Ⅳ）。

「背中に水を吹きかけて、コンクリートのすべり台をすべらせる」のは、遊びたわむれる神の筋書を具現する行為であると同時に、背中の皮膚を一気にヤスリにかけるように「ずるむけ」にし、被害者を激痛の叫びのなかに崩れ落ちさせる破壊効果によって「破壊神と崩れ落ちる生贄」の筋書を具現する。このような遊び型暴力いじめにおいては、「笑いながらあらたな結合において新しく世界を創造する遊びたわむれる全能神」と「破壊神」とを、ひとつの行為において圧縮しつつ、同時に具現することができる（図6、および図9のⅣ）。

〈全能はずされ憤怒〉モデルや全能筋書の圧縮‐切り替えモデルを使うと、このようにさまざまな現象が理解可能になり、また危険予測もできるようになる。

たとえば、いじめられる者はしばしば、部分的‐中途半端に迫害者とずるずると「仲良く」しながら少しずつ状況を改善しようとする。すなわち、被害者は、加害者を明晰《めいせき》に敵とみなして逃げるか闘うのではなく、加害者の全能気分を打てば響くように照らし返す「容器《うつわ》＝友だち」の役にとどまりながら、同時に部分的に避ける素振りをするか、あるいは受動攻撃的な弱々しい反抗（たとえばミスによる「チクリ」、奉仕の非効率化、釣り銭の着服など）をする。これは、危険なことである。

いじめ加害者は、それを慢性的な裏切りと感じ、長期にわたり反復的にむずがゆいような〈全能はずされ憤怒〉を起こしやすい。そして、被害者を痛めつけて、逃げないように、従順であるように「しつける」作業（手段的行為）と、「破壊神と崩れ落ちる生贄」の全能体験とを、圧縮して一石二鳥で行うようになる。

この「しつけ」を日常的に繰り返す場合、「破壊神と崩れ落ちる生贄」に「遊びたわむれる神とその玩具」が圧縮されやすく、「暴力的な-あそび型-いじめ」がエスカレートする。いじめがエスカレートする経過においてはしばしば、「しつけ」と結合した「破壊神」に、「遊びたわむれる神」が圧縮され、それが習慣化していく。

たとえば【事例9・葬式ごっこ　自殺まで】（84ページ）のC君は、裸の背中に水をかけられたうえでコンクリートのすべり台を背中ですべらされただけではない。さまざまな「遊び」が繰り返された。たとえば、C君は、木に登らされて歌を歌わされ、そのうえ木を揺すられ、煙草を大量に吸わされ気絶した。また、【事例8・主人《ヘル》と奴隷《クネヒト》の弁証法】（80ページ）の次郎は煙草を七〜八本立て続けに吸わされ嘔吐した。これらの事例では、いじめがエスカレートした結果、二人とも最後には自殺している。

だが、一気に相手をおそれさせるようなやりかたで、「警察を呼ぶぞ」「訴えるぞ」と抗議し、あるいは実際に法的な告発をすれば、相手は意外なほど簡単に手を引き、別のターゲットか、いじめ以外の全能気分の様式を探しはじめただろう（しかし学校共同体主義は、個人が公権力を盾にして「友だち」や「先生」から自由になろうとすることを、何よりも嫌悪する）。

なお、「破壊神と崩れ落ちる生贄」と「遊びたわむれる神とその玩具」の圧縮形で、いじめの全能筋書が具現される場合、口、性器、肛門、排泄物にまつわるものといった、身体の開口部に関するいじめの形態が好まれる。このような形態によって加害者は、自他の境界を破壊し、内部に侵入しつつかき回したり汚染させたりして、内側から被虐者が崩れ落ちる「破壊神と崩れ落ちる生贄」の筋書をリアルに体験できる。さらに、ただ単に崩壊させるだけではなく、草を食わせたり、ゴキブリを粉末状にして牛乳に入れて飲ませたり、性器を洗濯ばさみではさんだり、団結して帰国子女の肛門にボールペンのキャップを入れたり、といった加工・創造を笑いころげながら行うことになる。

第３章　「癒し」としてのいじめ

1――被害者に自分を投影してコントロールする

「投影同一化」

かつていじめられた経験を持つ者が、執拗にいじめをする場合、しばしば、被害者を〈容《い》れ物《もの》〉に見立てることがある。

この場合、加害者は、その容れ物となった被害者のなかに自分を投影しながら、相手をコントロールするのである。このメカニズムは「投影同一化（Projective identification）」と呼ばれ、イギリスの精神分析家メラニー・クラインが提唱した考え方である。

くわしく説明しよう。

投影同一化においては、自己の分割《スプリット》された一部が、他者に投影され、自己の一部であり続けながらそのまま、投影先（うつわ＝〈容れ物〉）と同一視され続け、投影先のなかでじわじわと生きられる。このように自分の内的世界を他人におしかぶせる（投影する）側は自分が相手の内に投影した感覚を、しばしば相手が実際に体験しているようにも感じる。

投影同一化は、このように自他の境界が曖昧に感じられるような幻想であると同時に、現実の他者操作でもある。すなわち、投影された自己の一部が自分に都合のよいやりかたで生きられるように、投影先（うつわ）としての他者を実際に操作し、その後に、そのうつわのなかで都合よく加工された自己が（自分にかえってきて）再同一化される。

投影する側は、他者のなかから己《おのれ》を生きるために、その投影された部分を、他者を支配することで支配しようとする。そして、やっきになって他者を操作する。

「他の人びとを支配しようという欲求は、自己の部分を支配しようとするゆがんだ欲動として、ある程度説明できるだろう。他の人びとのなかにこれらの部分が過剰に投影されると、投影された部分はその人びとを支配することによってのみ支配されうる」（クライン『メラニー・クライン著作集4　妄想的・分裂的世界』誠信書房）。

投影される側は、その「投影された部分によってとりつかれ、支配され、またそれと同一視されることになる」（スィーガル『メラニー・クライン入門』岩崎学術出版社）。

クラインの弟子のビオンは、投影同一化に、〈容れ物〉(Container) と内容《なかみ》(Contained) という着眼点を加えた。それは、自分にとって耐えがたい体験のひな型を、他者を使用してより快適なものへと加工する方法でもある。すなわち、投影される自己の耐えがたい内容が投影先である〈容れ物〉に入れられ、その〈容れ物〉のなかで内容がより快適なものに変化し、その変化した内容がもう一度自己に返ってくる。このような〈容れ物〉として使用される側は、「誰か他者の空想のなかの一部分を演じているように操作されていると感じる」（ビオン『集団精神療法の基礎』岩崎学術出版社）。

他者のなかで自己を生きようとしてかなわなかったり、望みの自己が返ってこなかったりすることもある。投影された部分が望みのしかたで再内在化されなければ、投影者は心的に消耗する。自己と他者が重ね合わされるような体験の生成が、始動すると同時に頓挫《とんざ》するという事態は、しばしば、〈全能はずされ憤怒〉による独特の攻撃性を生む。

この投影同一化／〈容れ物〉－内容《なかみ》のモデルを用いれば、「いじめられた者がいじめる」現象を原理的に説明することができる。

過去の体験を癒すメカニズム

図10は、過去に痛めつけられた体験を有するいじめる側が、いじめられる側を〈容れ物〉とした投影同一化を用いて、自分が傷つき痛んだ体験のひな型を補修し、癒そうとするメカニズムを示している。

まず、図10の「みじめな筋書ユニットA」を見ていただきたい。これは、「迫害者のなすがままに痛めつけられ、屈服し、壊される、みじめな弱者としての自己（I）」と、「圧倒的な力で、弱者を理不尽に痛めつける酷薄な迫害者としての他者（II）」という筋書構造を有している。

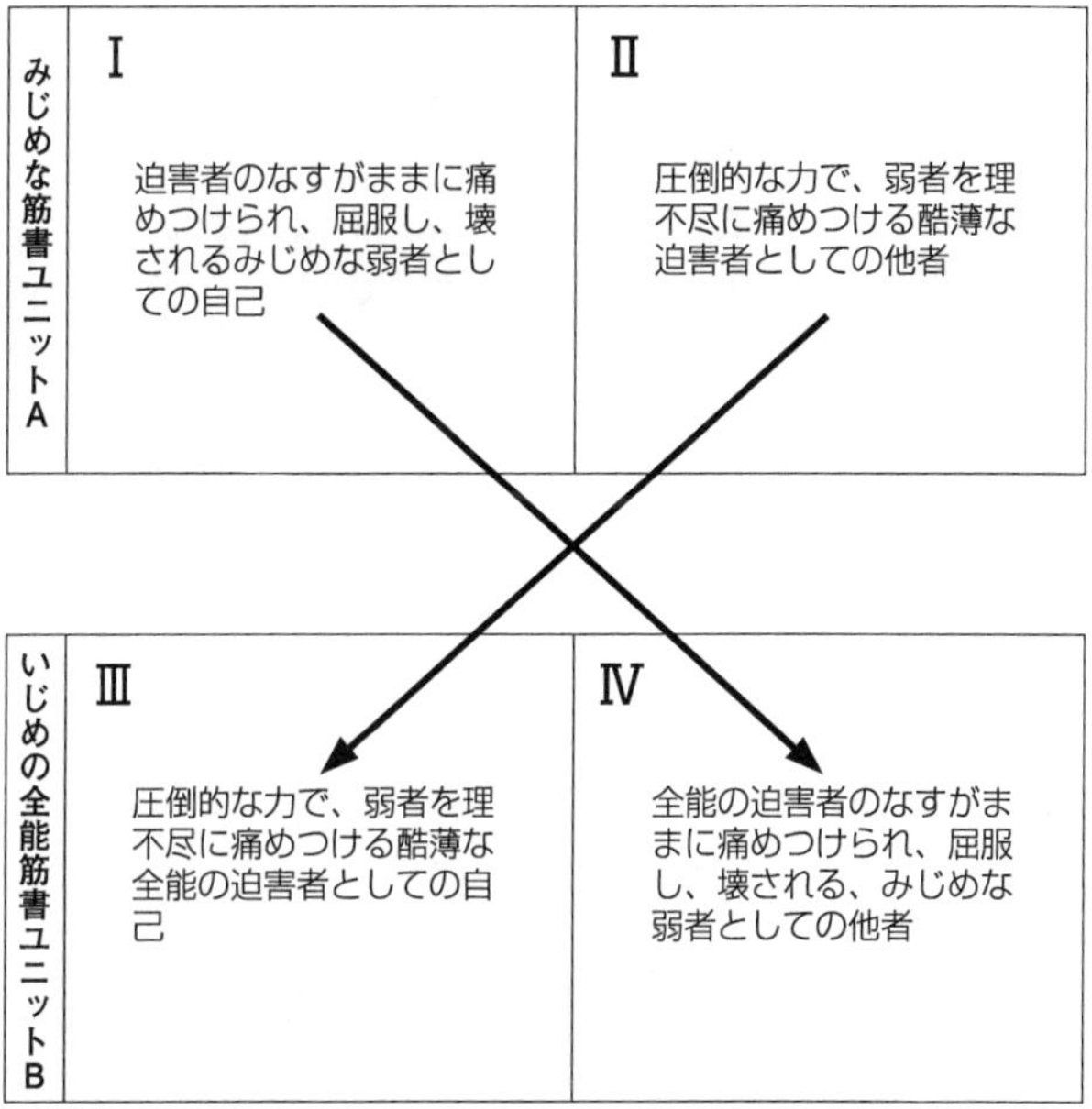

過去に痛めつけられた体験を持ついじめる側は、いじめられる側を〈容れ物〉とした投影同一化を用いて、自分の傷つきゆがんだ体験のひな型を補修し、癒そうとする

図10　自己像と他者像

このように、圧倒的に強い者から理不尽に痛めつけられ、なすがままにされて屈服するしかなかったみじめな体験は、しばしば通常の記憶（人生の物語）とは感情的に切り離されて、凍りついた記憶となり、被害者にとり憑《つ》く。

それは、記憶喪失ではなくて、「あってもない」「知っていて知らない」というやりかたで感情的に切り離されている。あるいは、選択的に視野に入らないというやりかたで解離されている（凍結記憶）。

だが、この凍結された記憶は、日々生きられる生の地平に、漠然とした不安やみじめな気分をしっかりと散らし続ける。これが、パソコン上でいつのまにか作動している不愉快な常駐ソフトのように、世界に暗い影を落とす。

このような「欠け」を抱えた者がいじめのチャンスを獲得すると、しばしば、次のような「浄化の儀式」にとりつかれる。

すなわち、過去の痛めつけられるみじめな自己を他者に投影し、それを、他者に無理矢理生きさせつつ、他者の内側からひそかにふたたび生きる（他者を〈容れ物〉として用いた凍結記憶の解凍）。と同時進行的に、過去の迫害者と同一化して、現在の自己を強者として生き直そうとする（攻撃者との同一化）。

前ページ図10のクロスした矢印つきの二本の線は、次の二つの投影同一化のラインをあらわしている。

一方では、いじめる側は、かつて自分を痛めつけた迫害者と同一化している。いじめる側は、かつて自分がやられたのと同じことを相手に対してする。「みじめな筋書ユニットA」の「迫害者としての他者」(II)から、「いじめの全能筋書ユニットB」の「迫害者としての自己」(III)に向かう矢印(II→III)がそれである。

他方、いじめる側は、痛めつける役を生きながら同時並行的に、自分が現に痛めつけている他者の内側で「過去の痛めつけられた自己」をもう一度生きる。筋書ユニットAの「みじめな弱者としての自己」(I)から、「いじめの全能筋書ユニットB」の「みじめな弱者としての他者」(IV)に至る矢印(I→IV)が、この、もうひとつの側面である。

凍結されていたかつてのみじめな自己の記憶は、いじめ行為によって解凍され、被害者によって具現されて(具体的なかたちにしてあらわされて)体験される。そして、いじめられた自分のかつての特徴は、相手の特徴として体験されてしまう(I→IV)。

たとえば、自分が痛めつけているにもかかわらず、痛めつけられている相手(=過去の自分の投影先)を見てむしょうにイライラする。そして、ますます痛めつけ、えらぶって超越や達観を教え諭したり、イライラして痛めつけたりする。こうして相手をさんざんいじくりまわしたあげく、やっと、いじめられているのではなくいじめている自分を心の底から確認し、過去のみじめな自分から少し離脱したような気になることができる。

このように、攻撃者との同一化を組み込んだ自他反転的な投影同一化／〈容れ物〉‐内容《なかみ》のメカニズムによって、耐えがたい体験の枠組を書き換えることができる。

すなわち、いじめは、自分にとって耐えがたい体験のひな型になってしまった筋書（図10の「みじめな筋書ユニットA」＝「理不尽に痛めつける他者とみじめな自己」）を、他者を利用してより快適なもの（図10の「いじめの全能筋書ユニットB」）に加工する「癒し」の作業になる。投影される耐えがたい内容が投影先である〈容れ物〉に入れられ、その〈容れ物〉のなかで内容《なかみ》がより快適なものに変化し、その変化した内容《なかみ》がもう一度自己に返ってくる。いじめ被害者という〈容れ物〉は、「過去の痛めつけられた自己」を入れると「現在の痛めつける自己」を返してくれる。

加害者は、このような心理‐社会的な操作のための〈容れ物〉として被害者を執拗に使用する。相手に「このような〈容れ物〉として具体的にふるまってもらう」という体験構造上のニーズが、いじめの執拗さを支えている（体験構造ニーズに基づく他者支配）。また、このような〈容れ物〉として使用される者は執拗に操作され、実際に他者の空想の一部にとりつかれたかのようにふるまうようになる。

このメカニズムは、「自分たちなり」の小社会の秩序に埋め込まれる。

2――弱者にとっての「タフであること」

「体験加工」

ひどい理不尽に対してされるがままでいるしかない、無力でみじめな者は、この耐えがたい、生きがたい体験の意味を、それでも「生きうる」、さらには「生きるに値する」ものへと変造しがちである。このようなリアリティの変造を、本書では「体験加工」と呼ぶ。

皮肉なことに、多くの人々がこの体験加工を行うことの積み重ねが、当の耐えがたい現実を再生産する（メカニズムの主要な構成要素になる）ことがある。そういうとき、人々を苦しめる悲惨な現実は、いつまでも続く。

その顕著な例が、「タフ」の全能、「タフ」の倫理秩序といわれるものである。

生きがたい小社会の「自分たちなり」の秩序のなかで、理不尽にいじめられ、その理不尽をされるがままに耐えるしかなかったみじめな者たちは、しばしば、このような苦労をしたことによって自分は「タフ」になった、というふうに体験を加工する。この体験加工の習慣が、最初の残酷と迫害に満ちた小社会を再生産するのである。

この悪循環について詳しく説明しよう。

これまで述べたように、全能感は自己の不全感の反転（救済）感覚として生じ、さまざまな筋書に託して具現されるのであった。たとえば、他者を殴り、恐怖で震えあがらせ、辱め、どこまでも思いどおりにする、といった類《かたち》の筋書によって、いじめ加害者は全能の「強さ」の感覚にひたる。

こういったいじめの全能とともに、重要な役割を果たすのが、「タフ」の筋書による全能である。

逃げることができず、圧倒的な理不尽に屈服して生きるしかない者は、しばしば、耐えること自体を、「タフ」という全能筋書に変造する。

つまり、本来は自分のダメージを最小限にとどめるための戦略（計算のひとつの「解」）にすぎない「耐える」というかたちを全能筋書に用いて（流用して）、「タフ」という全能の「強さ」をこの身に具現しようとするのである。されるがままになるしかないみじめさが、されるがままであり続ける「強さ」にすりかえられる。これが「タフ」の全能である。

たとえば、加害者は、「おれは強いぞ」「強いぞ」「殴る」「殴る」「殴る」……という全能を生きる。それに対して被害者は、「どんなに殴られても、鉄のように固まって、ぐぐぐと耐える」「耐える」「耐える」「それでも、タフに耐える」……といった、弱者のなけなしの全能を生きる。

加害者が「これでもか、これでもか」、と痛めつけてくるのに対して、被害者は「これでもか、これでもか」と、悲しみや、痛みや、正義感や、ぬくもりや、人間らしい感覚《ヒューマニズム》を、自己の内側から切断し抹殺する内向きの「たたかい」にはげむ。そして、このことによって自己を鉄の塊のような「タフ」のイメージにつくりかえ、「勝利だよ」「勝利だよ」と「タフ」の全能にひたる。

「タフ」を自負することで現実のみじめさを否認する

こうして、「タフ」になると自負することで現実のみじめさを否認する。「タフ」の全能を具現するには、たえず、実際のみじめな自分を否認しつつ解離（凍結）しておかなければならない（この解離されたみじめな自己の像が、111ページ図10のIである）。

これが、弱者のなけなしの全能感としての「タフ」である。「弱い」うちは、このような体験加工によってみじめさを否認し、「耐えるタフ」の美学を生きながら、ひたすら「世渡り」の技能を修得する。

この技能修得は、全能を具現する筋書《かたち》になる。すなわち、悪ずるく「うまくやりおおせること」が全能を具現する筋書として用いられ、「耐えるタフ」から「世渡りのタフ」が分岐していく。

つまり、苦労をして「タフ」になった人たちにとってみれば、「うまくやりおおせること」は、単なる実利の追求にとどまらない。(全能筋書としての)「うまくやりおおせるタフ」の具現による、みじめだった自己の救済という意味を持つ。

たとえば、場の雰囲気や人の顔色をうかがって、黙っている。何を考えているかわからないような態度をとり、自分を偽って、調子を合わせ、うまく他人をだまし、裏で人間関係をコチョコチョ画策する。恥知らずなうそをつき、誠実そうに、他人が右往左往するのを黙って見ている。ときには自分のうそに部分的に陶酔しながら、圧力をかけ、他人をひるませ、場のムードを操作する。

このように、「うまくやりおおせる」ことそのものが、「タフ」の全能として、みじめな自己を救済する筋書として用いられるようになる。「うまくやりおおせること」が救済の価を有するということが、**実利とはまた別の次元で**、「うまくやりおおせる」技能の修得へと、人を駆り立てる。

こうして、「タフ」の全能筋書は「世間を泳ぐ」生活技能に織り込まれていく。ここのところに「世間に揉《も》まれる(苦労をすると悪くなる)」といわれることのエッセンスがある。

このことは、全能と利害計算との結合をさらに加速する。この点については、次章で詳しく論じる。

いじめられることといじめることの間を埋めるメカニズム

さらに「タフ」の全能筋書は、いじめられることといじめることとの間を埋めるメカニズムのひとつでもある。いじめや虐待をされてから、いじめをするようになった者の多くは、この「タフ」の全能を生きている。以下で、このメカニズムを追ってみよう。

「耐えるタフ」から「うまくやりおおせるタフ」になった者は、往々にして、自分が過酷な社会環境で「うまくやりおおせる」ことができるようになると、少しずつ、その「世渡り」の一環としていじめという〈容れ物〉-内容《なかみ》モデルの「癒し」をはじめる（図10、111ページ）。

「弱者」からほどほどに「強者」になると、これまで否認し凍結してきた、みじめな自己の筋書ユニット（図10の「みじめな筋書ユニットA」）を少しずつ解凍し、先に述べた〈容れ物〉（に対する投影同一化）を用いて「癒し＝いじめ」をはじめる。

このように、かつていじめられていた者が、今度は、他人を執拗にいじめるようになる、ということは、よくあることだ。この場合いじめは、心理的に生き延び「ステップアップ」するために、必要不可欠な（しかも生徒たちの小社会では許容される）いとなみと感じられるはずである。
こうして、「タフ」の筋書は、「耐えるタフ」から、「うまくやりおおせるタフ」を経て、「いじめるタフ」へと変容していく。
また「タフ」をめぐる感情の論理が、不幸の平等主義やいじめに対する権利意識や美意識を生む。**「迫害可能性密度」**が高く、過密な集団生活を強いられる生徒たちの小社会には、「タフ」の美学がそのまま群れの倫理となるような、独自の「タフ」の倫理秩序が自生する。タフの美学・倫理が「きれいごと」（たとえば、普遍的なヒューマニズム）によって侵害された場合、**生徒にされた者たち**の群れは、憎悪を湛《たた》えて侵害者たちをにらむ。前掲【事例3・遊んだだけ】（26ページ）では、中学生たちはヒューマニズムを押しつけてくる大人たちを上目づかいににらんでいる。
次のような事例も、「タフ」になった者のありかたを典型的に示している。

【事例10・タフに、にらむ】

〈その1〉

一九九四年、愛知県西尾市東部中学校で、いじめグループが大河内清輝君（当時一三歳）を残酷にいじめぬいて自殺に追い込んだ事件は、マス・メディアに大々的に報道され、多くの人々の記憶に残った。このグループの「社長」と呼ばれるリーダーは、中学校の先輩からいじめられて、その後にいじめるようになった「タフ」の鍛え上げを経ている。彼は、清輝君が自殺した直後に父の大河内祥晴氏に呼び出されても、「ポーカーフェイスを決め込」み「睨《にら》むような目つきで祥晴さんを見返したまま」だった。

（小林篤「ボクは旅立ちます」『月刊現代』一九九五年二月号）

〈その2〉

暴力いじめによって全治一ヵ月の骨折を負わせた少年は、入院している被害者B君の病室を母とともに訪れ、「あやまるでもなく、ただ、じーっとB君の顔をにらみつけていた」。

（太田覚「いじめ地獄絶望の報告書」『週刊朝日』一九九五年一月六・一三日合併号）

「タフ」になれない者を「玩具《おもちゃ》」にするのは「正しい」

痛めつけられて「タフ」になった彼らは、悲しみや、痛みや、正義や、人間《ヒューマニズム》らしい感覚を切断して、自己を鉄の塊のような「タフ」のイメージにつくりかえることに、自己刺激的なこだわりを持つ。自分が殺したり、大けがを負わせたりした被害者の家族を前にして何も感じるところがなく、無表情ににらみつけ続けることは、弱く傷つきやすい人のこころを失い（克服し！）、人間を超えて鉄の塊のようになった強さのイメージをもたらす。これこそ「タフ」の真骨頂である。

彼らが「世渡り」をする社会(「世間」)では、十分に「タフ」になった者が「タフ」になれない者を「玩具《おもちゃ》」にして「遊ぶ」ことは「正しい」ことであり、生徒たちは、自分たち「なりの」社会のなかでこの「権利意識」を持つようになる。いじめを耐えた体験が大きければ大きいほど、この「権利意識」も大きくなる。「きれいごとを言ってくる連中」からの、この「権利」の侵害(不正)に対しては、激しい怒りをぶつける。

自分自身が迫害されるなか、必死で「世渡り」をして生き延びてきたという「タフ」の自負(生存の美学)と、「世間」とはそういうものだという秩序感覚が、このような事態を生んでいる。

つまり、このような生徒たちにとっては、自分が所属し、忠誠を捧げ、規範を仰いでいる社会は、人を殺してはいけないとする社会や、法律で人々を守っている社会ではなく、涙を流しながら「世渡り」をすることで自分たちが「タフ」になってきた社会である。生徒たちは、学校で集団生活をすることによって、このような集団教育をされてしまう。

「タフ」の美学は、いじめられる者は情けないからいけないのだとか、いじめられた者は強くなっていじめる側になればよいという実感をもたらす。彼らは、自分を痛めつけた嗜《し》虐《ぎゃく》者が「タフ」の美学を教えてくれたというふうに体験加工する代わりに、「タフ」になれない「情けない」者には「むかつい」てしまい、攻撃せざるをえない。

たとえ「情けない」という印象を与えなくとも、「タフ」の美学＝倫理を「かかわりあい」のなかで「みんなとともに」生きない者は「まじわらない」「悪い」「むかつく」者とみなされ、いじめの対象となる。

集団生活のなかで「タフ」がしみついた者は、不幸の平等主義に対する違反には敏感になる。苦労して「タフ」になってきた者は、苦労をともにしあうことなく世間に対してうまく自他境界を引くことに成功して幸福そうに見える者を目の当《ま》たりにしただけで、被害感と憎悪でいっぱいになる。そしてチャンスがあれば、痛めつけてやろうと思う。

学校の集団生活は、「苦労をして意地が悪くなった」者たちに、そのようなチャンスをふんだんに与える。

3――〈祝祭〉と〈属領〉

いじめの場の秩序について再び考える

第1章では、「ノリは神聖にしておかすべからず」とでもいうべき小社会の秩序（群生秩序）について述べた。この心理－社会的なメカニズムを、これまで説明してきた理論を応用して考えてみよう。

いじめによる全能にかぎらず、あらゆるタイプの全能の追求は、それをかたちある何かとして体験するための筋書（ひな型）を必要とする。たとえば、いじめ加害者は、「ひぃひぃ」と崩れ落ちる被害者の内側から、パワーに満ちた全能の自己を獲得する。加害者は、このように全能の筋書をあらわして自己を補完し、自己の延長として「生き生きと」体験される〈容れ物〉＝玩具《おもちゃ》としての被害者を必要としている。

いじめの場の秩序は、このような〈具材《よりしろ》〉をみんなでつくりながら壊し、壊しながらつくる「遊び」の秩序でもある。

さて、不全感（存在論的な落ち着きのなさ）からのつかのまの錯覚としての全能を求めて生きる者は、往々にしてその全能感を、つかのまの「生命」のようなものと感じる。この全能感覚の具体的な受け皿は、しばしば、個人単独では製作する（盛り上げる）ことができず、他者との一定のコミュニケーションの連鎖《つらなり》・集積《あつまり》を必要とする。そして、往々にして、全能の感覚が生じたり消えたり、増したり衰えたりする「発動の中心」が、個人ではなく、上述の共同作業の盛り上がりにあると感じられる。そしてそこから、漠然とした錯覚としての、集合的な「生命」感覚が生じる。

こういったとき、人々は、いじめや暴走行為や酩酊《めいてい》などの全能筋書Xによって全能気分を生きるだけでなく、みんなでXをしながら付和雷同する集まりのかたちYをも全能筋書として、全能気分を生きる。

このように、「Xすること」の全能気分と「集まることY」の全能気分が、「ひとつのこと」として体験される、集団的な全能具現（全能を具体的なかたちにしてあらわすこと）を〈祝祭〉と呼ぶ。

これを、前章第6節で紹介した全能筋書の圧縮モデル（97ページ）を使って説明すると、次のようになる。

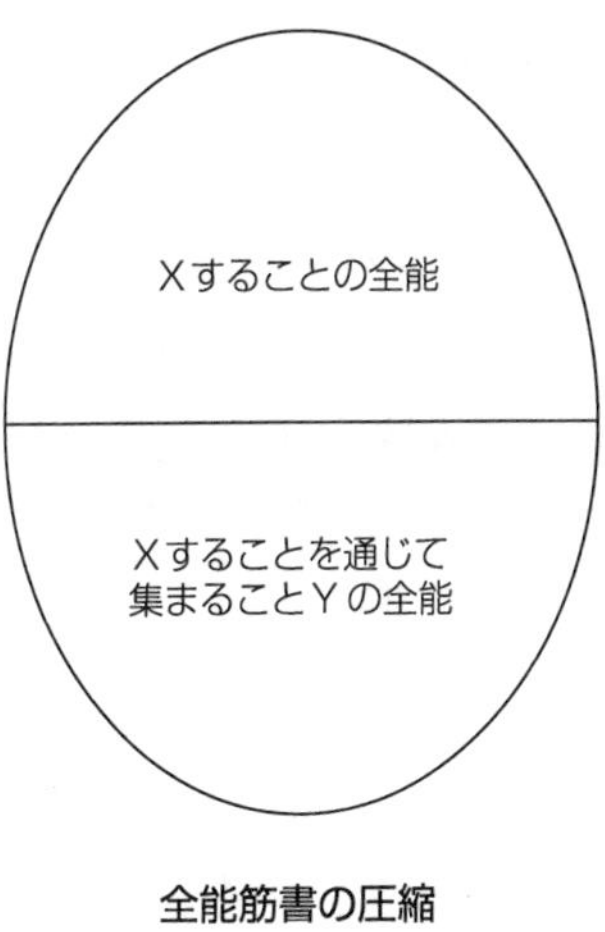

図11　全能の圧縮としての〈祝祭〉

〈祝祭〉とは、①いじめなどの、何らかの「Xすること」による全能具現と、②その「すること」を通じて「集まることY」による全能具現とが、圧縮されて二重に折り重なる、集合的な全能具現である（図11）。たとえば集団的な「いじめ」の場合、個人的な「いじめ」とは根本的に異なり、「いじめ」

による全能を共同でつくりあげる集団過程《むれること》自体が、さらに全能的に体験される。

「すなお」でなければならない

この〈祝祭〉を中心にして独特の心理‐社会的な秩序が立ち上がる。これが、第1章で述べた**群生秩序**（の純粋形）である。

このような〈祝祭〉の秩序が成立している場合、〈容れ物〉としてのグループのありかたにそぐわないものに対して、各メンバーは、自己を汚されたかのような被害感と憎悪を感じるようになる。

こういう心理‐社会的な秩序状態では、全体としての集団のありかたが、個人の意志や成熟度とは独立に、個人の内部でどういう現実感覚のモードが活性化するかを大きく左右する（図2および図3、58、59ページ）。集団内の現実感覚はしばしば、ひとりひとりの意志や成熟度とは独立した、全体としての集団独自のものになる。また、このような場の情報による内的モードの切り替わりが自動化することによって、付和雷同とか、場の雰囲気によって人がちがったようになるといわれる現象が生じる。

集団が、シンプルな目標達成のための「しくみ」タイプであるか、全能体験の〈容れ物〉となる〈祝祭〉タイプであるかによって、活性化する内的ユニットはある程度自動的に切り替わる。

　中学生たちがいじめを「遊び」と言い、弱者をなぶり殺しにするような行為を「遊んだだけよ」と言うときの「遊び」とは、こういった〈祝祭〉的な共同作業のことであり、それは、集合的《ともに》な「生命《いきる》」感覚を構成する、きわめて重要な営みである。そして、このような「遊び」を通じて、「自分たちなりの自治的な」倫理感覚や「あたりまえ」がかたちづくられ、「ノリは神聖にしておかすべからず」という独特な小世界の秩序が生じる。ノリで響きあう「みんなの空気」は彼らの秩序の根幹であり、人の命よりも大きな価値がある。

　このようなノリの秩序から、独特の身分感覚が発生する。それは、ノリという「高次の生命」のそのときそのときのありさまから位置づけられる限りでの、身分的な人間の存在感覚＝〈分際《ぶんざい》〉である。そのなかで、人は〈分際〉に応じて「すなお」でなければならない。

「すなお」とは、上位者や「みんな」の一挙手一投足に合わせて人格状態が即座に変化していると思われるように、下位者がふるまうことである。別の言い方をすれば、「すなお」とは、コントロールする側の全能気分に対して打てば響くようなやりかたで、コントロールされる側の人間存在が伸縮自在に変化する（と周囲から感じられる）、深いところからの自動性・即応性のことである。下位者の「すなおさ」は、上位者の全能感（尊大さ）を具体的に実現する〈具材《よりしろ》〉となる。

「すなお」にするための「しつけ」

下位者を「すなお」にするのが「しつけ」である。「すなお」ということの本質上、「しつけ」のためには、「いま・ここ」の人間関係を超えた普遍的なルールによる予測可能な賞罰は逆効果である。社会の広域にあてはまる普遍的なルールによる支配は、いつも同じ方向を向いている、「内面のジャイロコンパス」を基準にして生きる個人を育成しがちであるからだ。人間を「すなお」に「しつけ」るためには、予測不能な仕方で、上位者や「みんな」の気分次第で恣意的に「痛めつけ」るほうが、理にかなっている。このような予測不能で理不尽な「痛めつけ」によって、まわりの顔色をうかがい、不安なレーダーのように反応して状況次第の人格を生きる、「いま・ここ」人間が育成される。学校は、このような「こころがとけあう」**群生秩序**の社会に順応させるという教育目標からは、次の事例11に挙げるような旧陸軍内務班と同様、実に「理にかなった」教育空間となっている。

【事例11・旧陸軍内務班の生活】

大日本帝国陸軍を経験した多米田《ためだ》宏司は、次のように回想する。

「ある初年兵がいったことですが、何をいったいやっていたならば叱られずにすむのか、その目標というものがわからない。

ある古年次兵にこういわれたからそのとおりやっていると、別の古年次兵がそれを見て、そんなやり方があるかといって叱られる、その人その人によってやり方が異なり、いったいどうすればいいのかわからない。だからその古年次兵の個々の顔色を窺《うかが》って、気に入られるようなやり方をしなければならないということになるんです。

それからまた、その古年次兵なり班長の虫の居所が悪かったら、なにをしても怒られる。初年兵はいつもその場の空気によって態度を機敏に変化させなければならない」

（飯塚浩二『日本の軍隊』岩波書店より）

「すなお」とは、利害と身分が織り込まれた場の空気に「あわせる」だけではなく、それを通り越して、場の空気に「なりきる」ことでもある。実際、過酷な**集団心理-利害闘争**に投げ込まれた人々は、「なりきる」以外に生きるすべがない（このことは、学校の集団生活にかぎったことではない。たとえば、後出の【事例19・中国の文化大革命】〔249ページ〕にみられる「なりきる」姿は、女子中学生が学校の「友だち」グループに「すなお」であるさまと、よく似ている)。

学校では、「すなお」ということは集団の倫理秩序にもなっている。「すなお」でないものは「ジコチュウ(自己中心)」で「悪い」。だから痛めつける。「空気を読め」というときの、「みんなの空気」と個人の関係は、旧約聖書の神とヨブの関係に近い。これが、「みんな仲良く」を完膚無きまでに押しつけようとする学校制度の帰結である。

奇妙な空間占有感覚

さて、群れて〈祝祭〉を生きる者たちのあいだには、しばしば奇妙な空間占有感覚が生じる。たとえば、学校の教室は公的な財産である。ところがこのような公的空間はしばしば、一部の「仲良し」グループの、いわば属領となり、特有の冗談の言い方、笑い方、へつらい方、うわさ話や陰口の言い方、内幕情報をめぐるさや当て、といったものに埋め尽くされる。

そこで群れている者たちは、「われわれのノリ」が物理的空間を完全に埋め尽くすかたちによっても、全能を体験しようとしている。

これを前述の〈祝祭〉の理論(図11、125ページ)とむすびつけて考えると、次のようになる。すなわち、①Xすることの全能と、②Xすることを通じて集まることとYの全能が二重

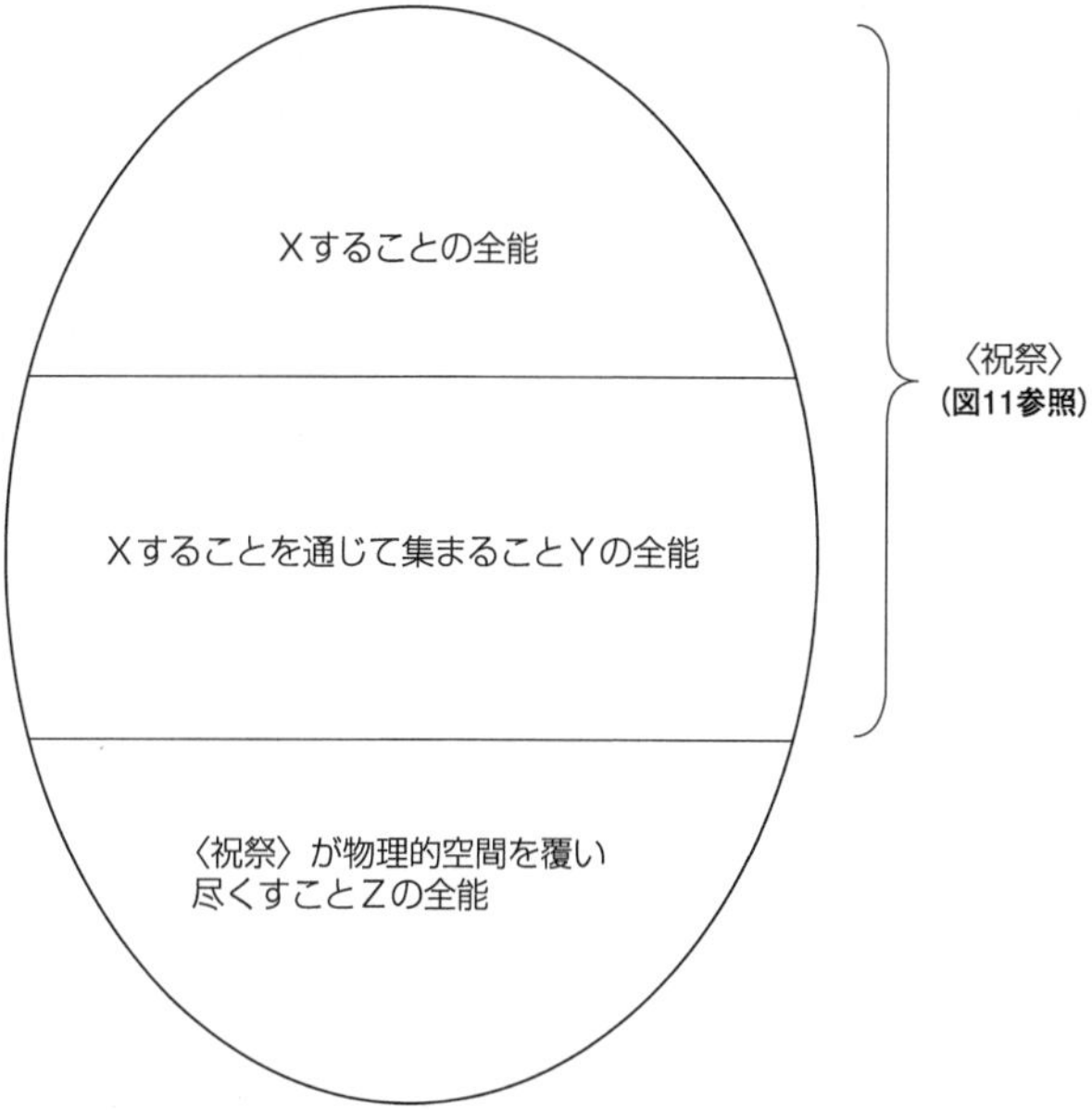

図12　全能筋書の三重の圧縮としての〈属領〉

この〈属領〉という考え方を応用して、次のようなさまざまな現象を説明することができる。たとえば、国家は、神の末裔《まつえい》である王を中心にした「まつり」が、その土地に命を吹き込むことによって生まれる。征服は単なる土地の獲得ではなく、自分たちのすばらしい「まつり」が世界の大地を覆い尽くすことである。その場合、服属を拒む「まつろわぬ」者は、ただの敵というだけでなく、浄化すべき大地のケガレとなる。「まつりごと」の中心である王の身体は、国土と同じである。

また、現在世界中で殺戮《さつりく》と虐殺を引き起こしている、民族的・宗教的な憎悪の紛争を理解し、抑止する政策を生み出すために、この〈属領〉概念は大きく貢献するであろう。

に折り重なった〈祝祭〉が、さらに、③当の〈祝祭〉が物理的空間を覆い尽くすことZの全能に、三重に折り重なって圧縮している。

　このような、空間占有感覚による全能具現を〈属領〉と呼ぼう（前ページ図12）。

〈属領〉での感覚

〈属領〉では、それ以外の場所と比べて「あたりまえ」の感覚が大きく異なってくる。たとえば、自分たちを特定の場所の主流派だと思っている「仲良し」たちが、その場所で「浮き上がったまま大きな顔をしている」と感じられる以外にはこれといって害をなさない者に対して、部外者の観点からは不釣りあいに思われるような悪意を抱き、それをあらゆる機会に実行にうつす。

　また、市民的な空間ではさまざまなタイプの友人と対等につきあうのが楽しいのだが、学校で身分が下とされる者に対等な態度で「いられる」と、手痛い攻撃を加えずには気持ちがおさまらない。しかもこのような加害者たちは、なぜだか被害感情を有している。

　学校の教員はしばしば、教育サービスを受けている若年者のほんのちょっとした仕草や服装が「生徒らしく」ないと感じるとき、何か自分の世界を壊されたかのような、どうしようもない被害感を感じて「キレ」てしまい、ひどい暴力を振るったり、罵詈《ばり》雑言《ぞうごん》を浴びせたりする。また、教育サービスを受ける若年者を「生徒らしく」することが、学校の浄化(大地の浄化!)であると考えられて、教員によるさまざまな人格支配やいじめがまかりとおることもある。

これらの奇妙な「学校らしい」現象は、学校を〈属領〉と考えれば、容易に理解可能になる。

本章では、いわば「おぞましいゆがんだ情念」の世界について考えた。それは、たとえば、他者を思いどおりにせずにはおれない「全能」や、他者に侵入して自己を生きる「投影同一化」が織り込まれた、閉鎖的な小社会の秩序のメカニズムである。

しかし、損得をまったく度外視して、こういった情念だけで生きている者はほとんどいない。

実際、多くの場合にもっとも強い力をおよぼすのは、どちらかといえば情念よりも利害である。しかし複雑な現実は、利害のメカニズムとゆがんだ情念のメカニズムが結合し、相互に埋め込まれることによって生じる。それは、利害のモデルだけでも、ゆがんだ情念のモデルだけでも、うまく説明できない。

次章では、本章で論じた「おぞましいゆがんだ情念」の秩序が、利害構造とむすびついて「生きづらい」政治空間(政治化した生活空間)を生み出すメカニズムを明らかにする。

第４章　利害と全能の政治空間

1——利害と全能のマッチング

利害と全能が接合する二つのメカニズム

損得をまったく度外視して、「他人の内部に入り込み（投影同一化）、そこから他人を思う存分痛めつけたい（全能具現）」といった渇望だけで生きている者はほとんどいない。複雑な現実は、こういったゆがんだ情念からだけでも、利害構造からだけでも、うまく説明できない。これら二つは、接合し、相互に埋め込みあう。そして、この相互埋め込みによって、独特の小社会の秩序が生じる。とくに過酷な集団生活を強制される人々ほど、ゆがんだ内的ニーズを生きながら、それと利害計算を同時並行的に接合させて、人間関係の政治を抜け目なく生きているものである。

本章では、まず第1節で、利害と全能が接合する二つのメカニズムを考える（利害と全能のマッチング、利害図式の全能筋書への転用）。次に第2節では、この利害と全能の結びつきという観点から権力について考える。そして、本書でこれまで論じてきた「ゆがんだ情念」の秩序が、利害の構造とむすびついて、過酷な政治空間に結実していくメカニズムを論じる。その後で、第3節では、利害と全能が接合するポイントに着目して、残酷な心理‐社会的な秩序が蔓延しないようにする政策を考える。

損をするならいじめ続けない

いじめに関わる全能筋書は利害計算と緊密に結合し、利害計算に従属したかたちで作動している。筆者が知る限り、自分が多大な損失をこうむることがわかっていても特定の人物をいじめ続けるというケースはほとんどない。

次の事例の、「普通生活してるなかで、人のこと、がんがん殴る、ってことないじゃないですか」という加害者の言葉は、みごとに核心を突いている。

【事例12・がんがん殴れる場所】

中学生のとき、いじめをしていた青年は、以下のように記者に話す。

「朝会って、『おはよう』でケリを入れる。殴って顔が腫《は》れて、誰だかわからない。その子は授業中顔を伏せている。先生は寝てると思ってる。その後、また殴る。なんでも、すぐ因縁つけて。ターゲット決まったら、そいつに集中ですね。まあ、登校拒否しちゃうから、そういうやつは、結果的に。そうするとまた、つまんねえ。他のやつに移動して。それをなんか楽しんでやってたから。(中略)やりすぎたかなっていうのは、いまごろになって思うことで（中略）中学あがって、イライラするじゃないですか。わかんないことばっかりだし。先輩こわかったり。勉強できないとか。先生が好きじゃないとか。まあ、家のこともあったり。だから、やっぱ、そうなると、いじめちゃうし。普通生活してるなかで、人のこと、がんがん殴る、ってことないじゃないですか。発散できるから。ある意味で気持ちいいし」

彼はその後、教員の強い指導で、いじめることができなくなる。そして「いじめられる人間いないから」ということで、今度は万引きなどの非行に走り、「クスリ以外はなんでもやった」。（TBSテレビ「NEWS23」の特集より、一九九五年九月一一日放映）

自分が人生の大部分を過ごす市民社会（「普通生活してるなか」）では、「人のこと、がんがん殴る」などということは、なかなかできるものではない。せっかく中学という「普通生活してるなか（市民社会）」でない特別な環境にいるのだから、できるうちに思う存分「がんがん殴る」全能を味わい尽くしておこう、という利害計算がよくあらわれている。

加害少年たちは、危険を感じたときはすばやく手を引く。そのあっけなさは、被害者側も意外に思うほどである。損失が予期される場合には、より安全な対象をあらたに見つけだし、そちらにくら替えする。加害者側の行動は、全能気分に貫かれながらも、徹頭徹尾、利害計算にもとづいている。

いじめのハードケースのうちかなりの部分は、親や教員などの「強い者」から注意されたときは、いったんは退いている。「自分が損をするかもしれない」と予期すると迅速に行動をとめて様子を見る。そして「石橋をたたき」ながら、少しずついじめを再開していく。「大丈夫」となると、「チクられ」た怒り――全能はずされ憤怒――も加わっていじめはエスカレートする。しかも、そのころには親や教員の力は「思ったほどではない」という自信もついている。ハードケースの「破局が唐突に」起こるまでには、ゆっくりとした損失計算の下方修正がある。ほとんどすべてのいじめは、安全確認済みで行われている。

頻発しているハードケースは、利害コントロールが十分に行われていればソフトケースの程度で終わるはずのものである。市民社会の論理を学校に入れないことが、ハードケースを頻発させている。暴力に対しては警察を呼ぶのがあたりまえの場所であれば、「これ以上やると警察だ」の一言で、(利害計算の値が変わって)暴力系のいじめは確実に止まる。

利害計算と全能筋書

いじめ加害者たちが、全能気分を味わうために「うまい」手だてをみつけ、他人を痛めつけるプランを立て、安全を確保し、非難された場合には言い訳をする、現実的な段取りの組み方は、合理的でたくましい利害計算能力にもとづいている。特に集団心理‐利害闘争がひとりひとりを過酷に巻き込む現場ほど、利害計算と全能筋書との接合は、次の二つのプロセスが絡み合った連鎖からならざるをえない。

①【全能→利害】

全能気分を味わいたいニーズによって利害計算を行い、全能筋書のストック（記憶の貯蔵庫）から利害にかなう都合のよいものを選択し、つなぎあわせて、巧妙に全能具現のための段取りを組む。段取りが組まれて筋書が具体的に現実化（具現）される時点では、最初の全能気分を味わいたいニーズから段取りが組まれたことの記憶が情動的に解離され、その段取りに適合したもっともらしい動機の筋書（～だから～している）が信じ込まれる。そうでありえたかもしれない、さまざまな全能筋書の候補は、安全チェックを経て刈り込まれ、潜在化している。これらは状況に応じて顕在化してくる。

②【利害→全能】

その場の利害状況にあわせて、全能筋書を都合よくつなぎあわせ、有利な感情状態をつくりあげるプロセス。すなわち、利害状況にあわせて、全能筋書のストックを検索し、利害状況に適合した「テンプレート」を呼び出し、活性化し、その全能筋書に即した生々しい感情状態になりきる。なお、この時点では一連の検索・呼び出し作業の記憶は情動的に切り離されている（解離されている）。

たとえば、学級内で上位身分を保つためには「コワイと思わせる」必要があるという利害計算に誘導されて、「破壊神と崩れ落ちる生贄」（91ページ参照）の全能筋書が呼び出されて活性化する。そのことによって、怒り（ブチギレ）の感情状態になる。そして弱そうな生徒をボコボコに殴る。この加害者は、きちんと損得にあわせて怒るよう自分の感情状態を誘導しているのであるが、自分が損得にあわせて怒っていることを「知っていて知らない」。怒った時点では、「損得抜きに」「心底」「本当に」、怒っている。この「純粋」な怒りの感情状態と、利害計算によって上手に（損得ずくで）怒っていること――加害者は、この矛盾する二つの生の状態を、矛盾したまま、「気合いで」同時に生きる。

右の二つのプロセス（①【全能→利害】と②【利害→全能】）は、何重にも折り重なりあって接続している。すなわち、①全能体験ニーズのために都合よく利害計算がなされ、②利害計算から呼び出された全能筋書は、即座に全能体験ニーズになる（逆の②→①もまた然《しか》り）、といったプロセスが次々と重なりあうのである。いじめの場で、多くの人々は利害計算に照合して全能筋書を組織し、全能筋書に照合して利害計算している。これを**利害計算と全能筋書のマッチング**と呼ぼう。

集団のなかで「すなおになる」ということ

過酷な集団生活であるほど、このような利害計算と全能筋書のマッチングが、生き延びるために余儀なくされる魂の技法、あるいは、存在の深いところにねじ込まれる反応の型として強《し》いられる。すなわち、そのときそのときの「いま・ここ」に応じて、損得勘定の機能を担う解離した心理的断片群（利害モジュール）と、悪ノリの機能を担う解離した心理的断片群（全能モジュール）とが連動しながら、スイッチが入ったり切れたりする——というやりかたで瞬時に反応して生きるよう、人間がまるごと改造される。これが、集団生活のなかで「すなおになる」と言われていることである。

次の事例を見てみよう。

【事例13・すなおだから】

ある高校生Aの事例。

暴力に満ちたクラスには、殴られ要員がいる。Aは観客だった。見物してはやし立てて楽しんでいた。

「無理してつきあってる。さぐりあい。ほんとは、つきあいたくない。だましあいなんだよ。要するに。あの学校では。上の人の話を単に聞くだけじゃなくて、話を聞く態度、要するに接している態度を見せなければならない」

「接している態度とは？」筆者は質問する。

Aは答える。「話をあわせる。相手はどんな気分になるのか？　こいつは仲間なんだなと、そう思うんじゃないの。殴られ要員にならないために、話をあわせる。自分だけでなくみんなそう。いじめられる第一の原因は見かけ。こいつ変な顔してる、からはじまる」

「変な顔してるやつが強いヤツだったら？」

「みんな従っちゃう、すなおだから」

（筆者の聞き取り調査より）

「変な顔」という印象で異物として認定され、「異物に対して憤る破壊神とその攻撃によって崩れ落ちる生贄」という全能筋書が作動するかどうかは、相手が強いかどうかによっている。相手が強いと認定されれば、急遽《きゅうきょ》全能筋書の具現は取りやめになり、相手の顔が「変な顔」と体験されなくなる。暴力的全能感にまつわる全能筋書は、安全確保という目的に即した強いかどうかの値踏みによって、作動・非作動が制御されている。

ここで起こっているのは、単に「相手が強いからやめた」という事態ではなく、相手が強いかどうかの利害計算に応じて、相手の顔がどのように体験されるか、こちら側がどういう人格になっている状態であるかといった、体験構造の大きなセットがその集塊ごと入れ替わってしまう事態である。

このような全能筋書と利害計算のマッチングは、単なる演技とは異なっている。「演技」ということばには、その背後にさまざまな演技をしている「本当」の人格が想定されているが、そのような「本当」の人格はマッチングの邪魔になる。保身のために「ふり」をしているのではなく、そのときは「馬鹿になりきって」「そういう気分になりきる」のでなければ、いじめ状況を生き延びることはできない。自分の「感情」を使うのではなく、保身のために感情をいわば「あいだ」にあけわたし、そのことで身の安全を得るのである。別のところに「本当の感情」を確保しながら「ふり」をしているときに必然的に醸《かも》し出される、独立した人格の雰囲気は、いじめの場ではもっとも迫害意欲を誘発する。

相手が強かった場合の上記のような豹変《ひょうへん》に対して、Aは「すなお」という言いかたをしている。

第3章で、「すなお」とは、コントロールする側の全能具現に即応して、コントロールされる側の存在が伸縮自在に変化する（と周囲から感じられる）、深いところからの自動性・即応性のことである、と論じた。そして、場の空気に「なりきる」「すなお」さが、集団の倫理秩序にもなっていることを指摘した（126ページ参照）。

この倫理秩序は利害計算に従属している。皆が「だましあい」ながら、かつ「すなお」であるという状態は、矛盾も混乱もしていない。この状態は、全能筋書と利害計算のマッチングにもとづくコミュニケーションの集積《つみかさね》から構成される秩序状態（群生秩序）としては必然的な帰結である。このような秩序状態では倫理と利害計算とは分離しない。

これまで述べたような全能筋書と利害計算のマッチングを多用すると、一貫した人格状態を保持するのが難しくなる。むしろ、利害に対して昆虫のような反応を示す人格以前の存在に、解離した人格の断片が薄皮のようにはりついているほうが、群生秩序には適応しやすい。

利害と全能が接合するメカニズムから生まれる秩序は、いったんできあがると、動かしがたい政治的な空間として完成する。

2――利害・全能・権力の政治空間

全能筋書の転用のされかた

第2章第3節(73ページ)では、何らかの別の生のかたちをうつしとることによって全能が生きられるメカニズムを分析した。その転用のされかたにはさまざまなかたちがある。

ここでとりあげるのは、利害計算にもとづく合理的戦略のかたちがうつしとられることによって生じるタイプの、全能筋書である(図13)。

たとえば、第3章第2節(115ページ)で述べた「タフ」の全能は、逃げることもたたかうこともできず、圧倒的な理不尽に屈して生きるしかない者が、本来は自分のダメージを最小限にとどめるための合理的戦略(利害計算の「解」)のひとつにすぎない「耐える」というかたちを、みじめな自分を救済する全能気分のストーリー(全能筋書)に転用し、「タフ」という全能の「強さ」をこの身に具現しようとするものであった。さらに、苦労して世渡りの技能を習得すると、「うまくやりおおせる」かたちそのものが、全能筋書として用いられるようになる。この形態転用が、実利とはまた別の次元で、「うまくやりおおせ

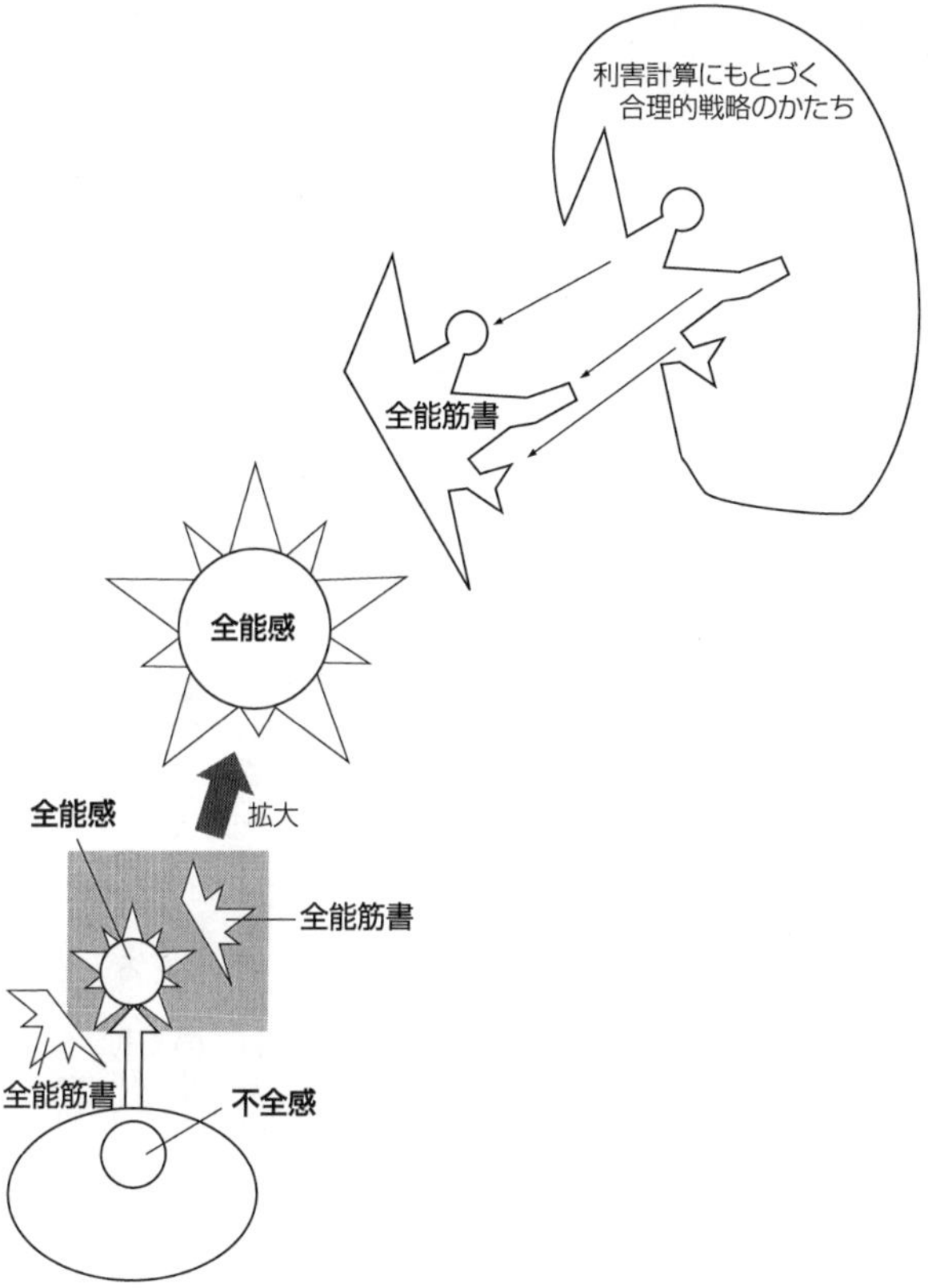

図 13　利害図式にもとづく合理的戦略のかたちが全能筋書に転用される

る」技能の習得へと、人を駆り立てるのであった。

このような人々は、ずるく、計算高く生きている、というだけでは説明がつかない奇妙なやりかたで「ずるく、計算高く」ふるまうことがある。単純明快に「正しい」表ルートのほうがコストパフォーマンスの高い場合でも、人間関係の政治による裏ルートで「コチョコチョ」画策したり、表ルートをわざわざ裏ルートで曲げたりといったことに大変な労力を払って、けっきょくたいした利益を得ていないこともある。この場合、人間関係の「損得ずく」の政治を計算高く行っている「悪ずれ」した者たちが、じつはそのことでたいした利益を得ていない。つまり、計算高く悪ずるく生きながら、同時に、「計算高く悪ずるく生きる（うまくやりおおせる「タフ」）」というかたちを用いた全能気分にこだわるあまり、その本来の戦略的な目標をはずしてしまうことすらある、ということだ。

権力と利害図式

さて、ここでの主要なテーマとなる、権力の問題に入ろう。

さまざまな利害図式には、もともとのかたちが全能図式に転用されやすいタイプもあれば、されにくいものもある。たとえば、生命保険はA社とB社のどちらに加入したらよいだろうか、といった利害図式は、全能筋書のかたちに転用されにくいタイプである。それ

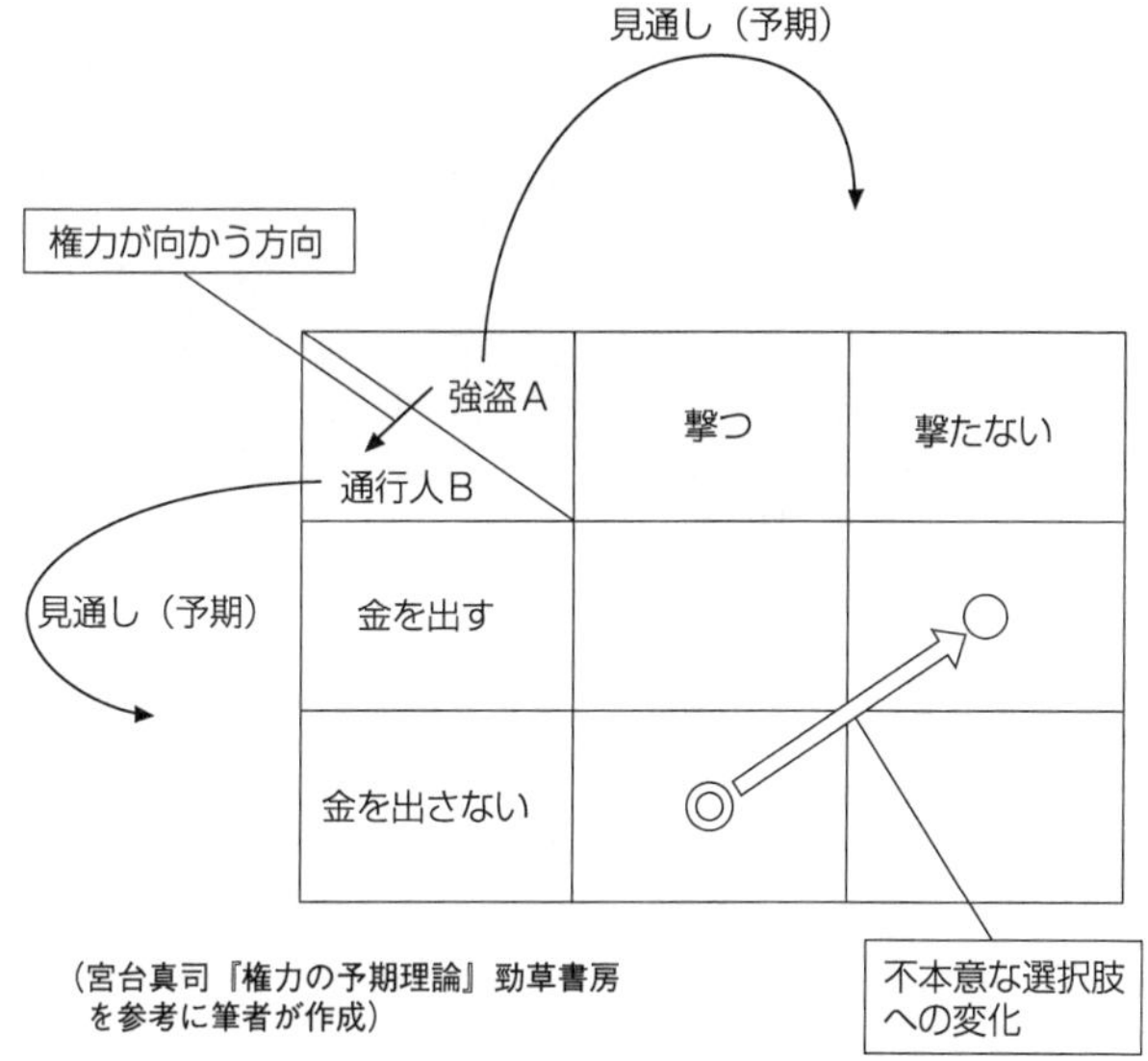

（宮台真司『権力の予期理論』勁草書房を参考に筆者が作成）

図14　権力の骨格となる利害図式：強盗と通行人の例

に対して、きわめて全能図式にかたちをうつしとられやすいタイプの利害図式もある。

権力の骨格《かたち》部分は、利害図式から構成されている。強盗が「金を出さなければ撃つぞ」と通行人を脅す場合を例にとって、権力の骨格《かたち》部分を示したのが、図14である。

この利害図式は、全能感を味わうためのひな型(テンプレート)として、はなはだしくかたちをうつしとられやすい。つまり権力を行使するチャンスを手にした者は、利害の式からなる権力の図式を、他者をコントロールするパワーに満ちた自己というストーリーに転用（流用）して全能気分を味わおうとしがちである。権力が生臭いのは、利害図式からなる権力の骨格そのものではなく、かたちを全能図式にうつしとられやすいためである。

とくに、狭く、生々しく、閉じた人間関係の場に埋め込まれた権力は、そのかたちが、全能筋書に転用されやすい。また、権力のかたちが残酷な全能筋書に転用され、残酷な全能筋書の追求が「生きがたい」権力のかたちを生む悪循環が起こりやすい。この循環の行き着く先に、集団心理−利害闘争の残酷な政治空間が姿をあらわす。

典型的な事例を見てみよう。これは東京都のありふれた公立小中学校のケースである。

【事例14・いつも人の行動に注意して、びくびく生きている】

Aは学校生活を回想する。

「小学校に入学して以来、……たえずその、生き馬の目を抜くというかね、……相手の行動を常に注視して、注意して、自分の行動を制御しなきゃいけないと、相手に合わせて生きなきゃいけない、というか、そういう感じでしたね。やっぱり、クラスのなかにボスみたいなのがいて、それがいじめのリーダーなんですよ。それにちょっと目をつけられると、もうダメだな、みたいな感じがありましたね」

小学校中学校を通じて、クラスには「ボス」「とりまき」「普通の人」「いじめられる人」というヒエラルキーがあった。数の上から圧倒的に多いのは「普通の人」で、いじめられるのはクラスで二、三人だった。

Aは「普通の人」だった。「普通の人」は、他の人がいじめられているのを見ながら、自分が犠牲者になる可能性におびえて生きていた。

「そういうのに対立しないように、特にボスとは対立しないように、ということをたえず注意しながら生きていく」

Aは他の人がいじめられているのを見ながら、たえずヒエラルキーがあるのを思い知らされていた。Aは言う。

「誰も止めませんよ。止めるとへたに、こっちの方にターゲットがきちゃうかもしれないから」「いやですねえ。見ててもねえ。被害者見ててもいやな顔してますしねえ」

いじめられっ子が蹴られて泣く姿がいやだった。やる側とやられる側が一方的に決まっているプロレスごっこには近寄らないようにした。しかし中一のとき、Aは「Bをなめるなよ。Bをなめたらきたないぞ」という替え歌を歌ういじめに加わった。

「そうしないと自分が強く見せられない。強く見せられないとやられるかもしれない。同情は禁物。人は敵と思え。へたにつきあうと大変だ。友だちも信用しない」

「上のほうはつながって」いた。嫌なことをされてこいつひとりなら何とかなりそうだと思っても、そのつながりで何をされるかわからないから、がまんした。また「普通の人」同士でつきあっていても、人を信じることができなかった。今つきあっている「普通の人」が、「急に、上のほうのやつらとくっついて何かするかもしれない」と思うのだ。

そして、つくづく「きゅうくつだな」と思った。Aは言う。

「いつも人の行動に注意してびくびく生きているというのは、みんなそう。ボスだって、下のほうから突き上げが来て、けんかで負けると転落するから、たえずけんかに強くなければならないとか、多数派をつくってなければいけないとか、そういうのはあったと思いますよ」

Aが特につらかったのは、二十四時間つきあわねばならない宿泊行事だった。何かされたというわけではなかったが、その雰囲気がいやだった。

「恐怖のシステムみたいな感じでね。牢獄みたいなもんですね」「何か、人に対して逆らっちゃいけないとかね、いうことなんだ、基本的には、人の目を気にして生きるというのはね。(中略)だから、家に帰るとほっとする」Aは、宿泊行事に行く朝は腹が痛くなった。

教員は子ども集団の部外者であり、小学校のときは、教員よりも子ども同士がこわかった。小学校六年のとき、いつもいじめられていた女子が、「死ぬ」と三階から飛び降りようとして窓から身を乗り出した。それを見て、男子も女子も「飛び降りろ」と拍手喝采した。

背中を蹴られて泣いていた子は、公立を嫌がり私立へ行った。中学では生徒同士のいじめに加えて、さらに教員による「体罰」（と呼ばれる教員による暴力）があった。教員たちはこの中学校を、立派な学校だと吹聴していた。

中学に入学してしばらくは、誰が強くて誰が弱いのかわからず、相手の出方を探り合っていた。そのときだけは、みんな態度が丁寧だった。しかし、四月末にあった移動教室（合宿）のとき、ひとりのおどおどして弱そうな生徒Bが、よってたかって脱がされた。

「当時ほら、まだ子どもだから、ま、皮がむけてないってあるじゃないですか、子どものあれが。それを無理矢理むいて、見ろ見ろ、みたいな感じで、ほかのやつらに見せるんですよね」

このとき指図していたのは「ボス」、指図に応じて包皮をむき「お前ら見ろよ、来いよ」と言っていたのが「とりまき」、見たり見なかったりしているその他大勢が

「普通の人」、というふうにヒエラルキーがはっきりとあらわれた。

一方で、女子のグループも「ぶさいくな子」を被害者にしていた。そして包皮をむかれた少年と「ぶさいくな」少女は、大部屋のなかに二人で閉じこめられた。

このようないじめのイベントを通じて、こいつが強いのかとか、あいつがこいつの子分なのかとか、彼はいじめられそうだから仲良くするとあぶない、といったことがはっきりあらわれてきた。こういった身分が確定してくるにつれて、いじめはますますひどくなった。

ボスは気まぐれでボコボコに殴ることがあるが、下の者たちがありとあらゆる屈辱的な「いじめ」を行うのを、ニタニタ笑いながら見ていることが多かった。「上の人たち」は、ことばによる侮辱を毎日、けがをさせない程度の暴力を週に二、三回のペースで、二、三人のターゲットをいじめていた。ときには被害者がボコボコにされることもあった。またBに対するオナニー強要が問題になって、いじめグループが教員に呼び出しをくらったこともあった。

あるとき「ボス」が「ボス」の地位から転落したことがあった。そのときは、「われわれ普通の人」も含めてみんな誰についたら得かを考えながら、戦々恐々と「政変」をながめていた。それまで「ボス」は教員に対して反抗的で、通りすがりに「ばかやろ」と言って逃げたり、授業中にうるさくしたりしていたが、転落して「日陰者」になると、おとなしくなった。

女子のグループでも、「とりまき」のひとりが集団無視をくらい、活発だったのが急に変わった。彼女はそれまで、授業中いいかげんな態度をとっており、「体罰」をしない教員には当てられても「わかんねぇ！」などと対していたが、急にふざけた態度をとらなくなった。また彼女は、クラスのいじめ被害者をいつも罵《ののし》っていたが、それもなくなった。

暴力をふるう教員たちは、「ボス」たちと「なごやか」に「友好的」に話をする。この教員たちは、ちょっとした校則違反でも「普通の人」たちに暴力をふるうが、ボスたちが「変ないろいろなもん」を持ってきても大目にみる。「ボス」たちは、「普通の人」が食べ物やゲームなどを学校に持ってくると、「なんでそんなもん持ってきてるんだ」と脅しをかけてくる。

あるとき「とりまき」のひとりが三階の教室から、「ボスとツーカーの」教員のひとりに「〇〇のばか」というようなことを言った。その教員は血相を変え、駆け上ってきて、その生徒をボコボコに殴った。生徒は鼻血を出し、目が腫れ上がり、顔には「あおたん」ができていた。教員はうずくまった生徒をさらに蹴っていた。生徒は終始無抵抗だった。教員は何か怒鳴りながら、生徒に机を投げつけた。

その後に担任がやってきて「何あったんだ」と聞いていた。担任は学級委員を職員室に呼びだした。学級委員は「普通の人」から選ばれる。学級委員は「ぼくらが悪かった」と泣いて帰ってきた。担任は学級委員に「おまえらが悪いんだから、おまえらの責任だ」と「こっぴどく言った」そうである。「怒らせたのが悪かった」と。

その後、Aは、この教員が生徒にホースで水をかけ続けるのを見た。水をかけられた生徒は泣いていた。

この教員は後に輝かしい昇進を遂げたそうである。


（筆者の聞き取り調査より）

身分不相応は大罪

ここで「ボス」は、自分を中心とした勢いで〈祝祭〉をしきることによって、「コントロールするパワーに満ちた自己」という全能を自分に対しても他人に対しても現実化する（〈祝祭〉については第3章、123ページ参照）。「とりまき」も〈祝祭〉の勢いにあやかることで、同じような全能を身分相応に自己の側に具現する。このように全能をこの身にあらわす「ボス」や「とりまき」は、やり、やらせ、見せる。「ボス」は、自分の示唆に対して「とりまき」が創意をこらし、被害者が悲痛をあらわし、周囲が拍手喝采し、自分を中心とした全能の域＝〈属領〉がにぎわうのを見る。生徒を囲い込む学校の空間は、このような〈祝祭《まつりごと》〉の積み重ねによって、グループの〈属領〉になっていく。

身分は、この〈祝祭〉の全能をどれだけこの身に宿せるかによって決まってくる。ノリの秩序（**群生秩序**）においては、身分不相応なふるまいは大罪である。身分不相応に個人でノッていたり、勢いづいていたり、輝いていたりすると、徹底的に痛めつけられる。また教員に逆らうとか、「校則」に違反するものを学校に持ってくるといったことは、**身分特権**（いきがる権利）として位置づけられる。だからノリのグループは、「普通の人」が学校に食べ物やゲームを持ってくるのを許さない。また、「ボス」が「ボス」の座から引きずりおろされたり、「とりまき」がグループから無視されたりすると、いじめや教員への「反抗的」な態度は、それが身分的な位置のあらわれ（分際）である限りにおいて影をひそめる。彼らの、表情や、声の抑揚や高低や、その他さまざまな生気づいた態度は、ノリの秩序のなかで与えられる身分的な位置によるものなのである。

空騒ぎしながらひたすらノリを生きている中学生のかたまりは、無秩序・無規範どころか、こういったタイプの集団的全能具現の秩序に隷従し、はいつくばって生きている。

ところで、こういったことのすべては「やっても得こそすれ、損をしない」という計算のうえで成立している。

〈祝祭〉で悪ノリするときの存在感は、群れのなかでの有利な身分や勢力を与える。「いじめ」による〈祝祭〉は脅しによって力を顕示し、自己勢力を拡大する合理的な戦略にもなっている。要するに〈祝祭〉に参加して全能を求めることは、自分の身を守り、自分の勢力を拡大する合理的戦略を兼ねている。

ノリの小社会は、「生き馬の目を抜く」ように、いつ何どき仲間内で足をすくわれるかわからない過酷な環境である。「ボス」ですら、たえず「強さ」を実演し、多数派工作をし続けていないと、いつ転落するかわからない。いじめの〈祝祭〉に参加し、群れの空騒ぎにまぎれこむことは、自分が被害者になる可能性を減らす。「とりまき」や「普通の人」は、見通しがきかない人間関係のなかで、自分がいつ被害者に転落するかもしれない不安な日々を生きる。彼らにとって〈祝祭〉に参加することは、「なめられない」ように強く見せかけ、大勢のなかに紛れ込む保身策となる。

集団生活で悪ノリする権力ゲームは、他者コントロールの全能追求で利益を最大化できる、あるいは利益のためにこの全能追求に「気合いを入れ」なければならない利害構造に支えられている。このように全能の半面と利害の半面は、緊密に支えあっている。

権力が弱ければ〈祝祭〉を遂行するのが困難になる。また〈祝祭〉がなければ権力は人が凝集するしかけを失って弱体化する。〈祝祭〉は権力にとってイベント資源となっている。そして権力と〈祝祭〉がこのように支えあう積み重ねから、事例で示したような祭政一致的なノリの政治空間が生じる。

【事例14】の生徒たちにとって権力とは、他者コントロールの形態を用いた全能具現の営為であると同時に、利害構造のなかでの戦略的行為でもある。利害構造のなかの戦略的合理性という観点からは次のように言うことができる。

〈祝祭〉（悪ノリ）**は人びとの戦略によって導かれ、この〈祝祭〉を通じて当の戦略がさらに合理的となるような政治空間ができあがっていく。そしてこの政治空間のなかで、〈祝祭〉はますます戦略的に合理的なものになる。**この繰り返しのなかで、巻き込まれた者たちの内的モードは、心理的断片群が瞬時に群れの勢い（空気）に応じて作動する、「群れ人格」のモードへ転換していく（図3〔59ページ〕のBモード）。こうして、保身と勢力拡大の手立てを計算しながら、ばかになって悪ノリする者たちが生み出す心理－社会的な政治空間が完成していく。そしてこの政治空間を成立平面として、さらに次の時点での権力と〈祝祭〉が生み出される。

このようなループが回り続けるとき、政治空間は動かしがたい社会的現実になる。そしてこの社会的現実のなかで、いじめはどんどんエスカレートしていく。

3——制度の問題へ

利害構造はたやすく変わる

まず、これまで述べたことを振り返ってみよう。権力の骨組は利害図式（図14、149ページ）から構成されている。このかたちが、思いどおりにならないはずの他者を思いどおりにして全能気分を味わうための筋書（他者コントロールの全能筋書）に転用される。本書で扱う権力は、いわば、利害図式を骨格とし、そのまわりになまぐさいゆがんだ権勢欲という肉がこびりついてできている。

ところで、利害図式を骨格とする権力は、それをとりかこむ「何をすればどういう損や得をするか。誰が誰に対して、何をすることができ、何をすることができないか」といった生活環境の利害構造に枠づけられている。こういった利害構造が、権力を枠づける鋳型《いがた》となっている。

制度や政策が変われば、このような生活環境の利害構造は容易に変わる。たとえば内申書制度が廃止されれば、教員は気にいらない生徒の将来を断ち切ることを「やりたくてもできない」。学校に法が入れば、気にくわない人を「殴りたくても殴れない」。学校が閉鎖的でなく、人間関係を選択できる自由度が高ければ、「友だち」を「しかと」で震えあがらせることはできない。

制度や政策を変えることによって、生活環境の利害構造を容易に変化させることができる。生活環境の利害構造が変わると、それを鋳型にして生じる権力のありかたが変わる。そして、権力のありかたが変わると、他者コントロールの全能がはびこったり衰えたりするしかたも激変する。

学校という環境

生徒たちがどのような集団心理‐利害闘争の政治を生きることになるかは、大局的には、学校がどういうふうに制度・政策的に設計されているかによって決まってくる。

さきの【事例14】（150ページ）が示すような政治空間は、制度・政策的な環境の効果として蔓延する。本当はいっしょにいたくない迫害的な「友だち」や「先生」と終日ベタベタしながら共同生活をおくらなければならないという条件に、さまざまな強制的学校行事が重なる。さらに暴力に対して司直の手が入らぬ無法状態であるということが、この事例のような集団心理‐利害闘争の政治空間がはびこる好条件を提供している。

逆に、このような観点から**群生秩序**を衰退させようと計画された制度改革は、若い人々の生活の質（Quality of Life）を著しく向上させるだろう。

次の第5章では、現行の学校制度がもたらす**環境の効果**について述べる。続けて第6章では、教育制度の改革案を示したい。

第5章　学校制度がおよぼす効果

1——閉鎖空間でベタベタすることを強制する学校制度

学校共同体主義イデオロギー

日本は、学校が児童生徒の全生活を囲い込んで、いわば頭のてっぺんから爪先《つまさき》まで学校の色に染め上げようとする、学校共同体主義イデオロギーを採用している。

学校では、ひとりひとりの気分やふるまいがたがいの深い部分にまで影響しあう、集団生活による全人的な教育の共同体がめざされ、それがひとりひとりにきめ細かく強制される。若い人たちは、一日中ベタベタと共同生活することを強いられ、心理的な距離を強制的に縮めさせられ、さまざまな「かかわりあい」を強制的に運命づけられる。これが自動車教習所とは異なる「学校らしさ」である。学校運営の根幹は、生徒たちを日々調教して、その骨の髄まで沁《し》み込んだ習慣の内側から、この「学校らしさ」を実現し維持することにある。

この学校共同体主義は、ただ夢のような通念として世にいきわたっているだけでなく、具体的な教育制度・教育政策に支えられて、特定年齢層のすべてを含んだ中間集団全体主義として、現実に成立している（中間集団全体主義については、第7章で詳しく述べる）。学校は聖なる共同体であるとして、生徒が全人的にかかわらないではすまされぬよう、たがいのありとあらゆる気分やふるまいがたがいの運命に大きく響いてくるよう、制度・政策的に設計されている。その制度・政策的ディテールは、生徒を全人的に囲い込み、「かかわりあい」を無理強いするように考え抜かれている。

学校では、これまで何の縁もなかった同年齢の人々をひとまとめにして（学年制度）、朝から夕方までひとつのクラスに集め（学級制度）、強制的に出頭させ、全生活を囲い込んで軟禁する（実質的には強制収容制度になっている義務教育制度）。

現行の学校制度は、このように狭い生活空間に人々を強制収容したうえで、さまざまな「かかわりあい」を強制する。たとえば、集団学習、集団摂食、班活動、掃除などの不払い労働、雑用割り当て、学校行事、部活動、各種連帯責任などの過酷な強制を通じて、ありとあらゆる生活活動が小集団自治訓練となるように、しむける。

過酷な政治空間

このようにありとあらゆる生活活動を囲い込んで集団化する設計は、水も漏らさぬ細かさで「友だち」や「先生」とかかわりあわずにいられず、自分の運命がいつも「友だち」や「先生」の気分や政治的思惑によって左右される状態をもたらす。そしてあらゆる些末《さまつ》な生活の局面が、他者の感情を細かく気にしなければならない不安な集団生活訓練となる。立場や生存が賭けられた利害（「強者」と「弱者」の関係では生殺与奪！）の関連性は非常に密になり、生活空間はいじめのための因縁づけ・囲い込みの資源に満ちる。こういう環境では迫害やいやがらせに対して身を守るのが、むずかしくなる。

つまり、現行の学校共同体制度は、身の安全をめぐる利害関係を、構造的に過密化する。そこでは、他者の気分しだいで、自分が「安んじて存在している」ことができるための足場が、容易に掘り崩されてしまう。「生き馬の目を抜く」ように、いつ何どき「友だち」や「先生」に足をすくわれるかわからない過酷な環境では、「身の安全」「大きな顔をしていられる身分」といった希少価値をめぐる人間関係の政治が、過度に意味を持つようになり、そして、とてつもなく肥大する。すなわち学校が全人的な「共同体の学び」となるように意図された設計が、**最低限の安全を保つのに必要な社会的資源のコストを暴騰させ**、そこから過酷な政治空間（146ページ）を生み出すのである。

ここで、誰かが誰かの運命を左右するチャンスがちりばめられた空間を、**迫害可能性密度**の高い空間と呼ぼう。**迫害可能性密度**は、制度や政策が生活空間におよぼす効果を考えるときに、シンプルであるが重要な評価の高値基準となる。強制的共同体主義の学校制度は、生活空間の**迫害可能性密度**を著しく高める。

学校の聖域扱い

さて、ひとりひとりの若い市民に聖なる学校共同体が「運命として降ってくる」制度・政策的マクロ環境（以下この節では「環境」と省略する）が、その、ひとりひとりの生活の質（Quality of Life）に、どのような**環境の効果**を及ぼしているのだろうか。さらに深く掘り下げて考えてみよう。

先の【事例14・いつも人の行動に注意して、びくびく生きている】（150ページ）は、人間関係の政治（集団心理‐利害闘争）が生活空間を埋め尽くす典型例である。この場合、物理的暴力とその可能性を予期させるおびやかしが、主要な迫害メディア（媒体）となっている。

このタイプの政治空間（生徒や教員による校内暴力団支配）は、通常の市民社会の論理で考えれば、被害者や目撃者が即座に110番通報して、学校に警察を呼ぶだけで、あっというまに一掃できるはずである。【事例14】の「ボス」の一派は学校ではなく少年院に送られるべきだし、暴行教員は「指導力を認められて」校長になるのではなく、法が定める犯罪者として刑務所に入れられるべきではないか。被害者には、高額の損害賠償金が支払われるのが当然である。これが、一部の独裁国家や、武装民兵が支配する地域をのぞく、まともな法治国家のありかたであろう。

しかし学校は、こころとこころの交わりによって、たがいのありとあらゆる気分やふるまいが、たがいの生の深い部分にまで沁《し》み込みあう聖なる共同体であるとされ、その内部を市民社会の論理と切断しておく不断の努力によって、特殊な社会として保たれている。学校の聖域扱いは、制度と政策に支えられた学校運営法として、さらに、われわれの社会の「あたりまえの善き慣習」として、定着している。

このような学校の聖域扱いが強固な「あたりまえ」になると、市民社会の論理によって学校内の暴力に対処することができなくなる。というよりも、「そんなことは思いもよらない」という現実感覚が蔓延する。たとえば、スーパーマーケットで市民が市民を殴っているのを見かけた別の市民は、スーパーマーケットの店員の頭越しに警察に通報するだろう。その通報者は市民の公共性に貢献したとして賞賛される。しかし学校で「友だち」や「先生」から暴力をふるわれた生徒が、学校の頭越しに警察に通報したり告訴したりするとしたら、道徳的に非難されるのは「教育の論理」を「法の論理」で汚した被害者のほうである。

いじめ被害者の多くは、学校の頭越しに警察沙汰や裁判沙汰を起こすといった「瀆聖《とくせい》」的な選択肢を思いつくこともできない。いじめで自殺する少年の多くは、加害者を司直の手にゆだねるという選択肢を思いつくことすらできないままに死んでいく。それに対して加害生徒グループや暴行教員は、自分たちが強ければ、やりたい放題、何をやっても法によって制限されないという安心感を持つことができる。学校では、厳格な法の適用が免除されるという慣習的な聖域保護政策のために、「友だち」や「先生」によるやりたい放題の暴力が蔓延する。

悪口、しかと、くすくす笑い

さて、これまで述べたように、聖なる教育の共同体としての学校は、**迫害可能性密度**の高い政治的な生活空間でもある。この迫害の媒体（メディア）は、暴力とは限らず、悪口、「しかと」「くすくす笑い」など、コミュニケーションの操作によるものもある。コミュニケーション操作を媒体とするいじめについても、これまで述べた政治空間論（第4章参照）や、さきほどの**社会的資源論**が、ほぼそのままあてはまる（ただし、暴力系のいじめとコミュニケーション操作系のいじめとでは、法的介入がおよぼす効果という点で、大きく異なっている）。

悪口や「しかと」「くすくす笑い」といったコミュニケーション操作系のいじめだけで、生徒が自殺することがある。市民状態にあって心理的な距離を自由に調節できる人は、「しかと」などのコミュニケーション操作系のいじめで被害者が非常に苦しみ、ときには自殺にさえ至ることを、不思議に思う。「なんでこんなことぐらいで、そんなに苦しむのか。単純明快につきあわなければよいではないか」、というわけである。

確かに自由な市民の状態であれば、心理的な距離の自己決定によって、即座に彼(彼女)から「ひく」ことができる。人間だれでも「いやなやつ」や「敵」の一人や二人はいるものだが、市民状態であれば公私の境で自由に距離を設定し、その設定ラインを越えて踏み込ませないことが可能である。この人とはホームパーティに誘い合う仲だが、あの人はプライベートな関係には立ち入らせず、関係を事務的なものに限定する、といった心理的距離の自己決定である。

公私が峻別された市民状態では、コミュニケーション操作系のいやがらせは、それを不快に感じる側が自由に「ひく」ことによって、大きなダメージに至る前の段階で終息する。いやがらせをする側は、それ以上相手を追うことができない。すなわち「つきあってもらう」ことができない。

しかし学校共同体では「単純明快につきあわない」ということができない。朝から夕方まで過剰接触状態で「共に育つかかわりあい」を強制する学校では、心理的な距離の私的な調節は実質的に禁止されている。学校では、たとえ赤の他人であっても、「友だちみんな」と一日中顔をつきあわせてベタベタ共生しなければならない。

誰と生々しいつきあいをし、だれと冷淡なつきあいをするかを自己決定できない場合、「いやなやつ」の存在は耐えがたい苦痛になる。

たとえば、顔を合わせるたびに「ちょっとした」悪意のコミュニケーションをしかけてくる者たちがいるとしよう。コミュニケーションの受け手は、学校では悪意の者たちとの距離を遠ざけ、その生々しさを薄めることができない。そして距離の調節ができないことにつけこんで、悪意の者たちは生々しい関係を保ちながら、えんえんと悪意のコミュニケーションをあびせ続けることができる。やっていることのひとつひとつは、無視、悪口、陰口、嘲笑といった、一見「たいしたことない」行為だが、個としての対人距離の調節を禁止された共同体で「これでもか、これでもか」とやられると、それだけで耐えがたい苦痛となる。

そして、この苦痛から身を守るニーズが増大し、このニーズをめぐる利害構造が巨大化する。この巨大化した利害構造に枠づけられて、集団心理 - 利害闘争の政治空間(第4章参照)が肥大し、圧倒的な存在になる。それは、集団生活を送るひとりひとりの生徒には、絶対的な運命の力としてあらわれる。このような生活空間で蔓延する人間関係の政治が、最初の人間関係の苦しみと、それを避けるためのニーズを拡大再生産する。

感情奴隷

コミュニケーションの不快さが増大するだけではない。共生を強制する集団生活が若い人たちにもたらす作用として、距離の調節による防御機能を失わせる心理的な免疫不全とでもいうべき、さらに深いところからの人格破壊メカニズムを考えることができる。

学校に集められた若い人たちは、少なくともそれだけでは赤の他人であるにもかかわらず、深いきずなでむすばれているかのようなふりをしなければならない。学校では「みんな」と「仲良く」し、その学校の「みんな」のきずなをアイデンティティとして生きることが無理強いされる。すなわち学校では、だれが大切な他者でだれが赤の他人なのかを、親密さを感じる自分の「こころ」で決めることが許されない。逆に、親密さを感じる「こころ」が学校によって強制される。集団生活を通じた「こころ」の教育は学校の業務に含まれており、どういう「こころ」が好ましい「こころ」であるかは、学校が決める。学校の「みんな」になじめない「こころ」は、学校の赤の他人を家族のように感じる「協調性のある適応的」な「こころ」へと無理矢理教育される。

学校の「友だち」や「先生」に親密さを感じない「こころ」の自由はない。生徒は学校に強制収容され、グループ活動に強制動員され、いじめや生活指導で脅されながら、親密な「こころ」をこじり出して群れにあけわたす「こころ」の労働を強制される。

これを感情労働と言うこともできるかもしれない。だが、自分で職種を選んで賃金を得ている感情労働者と、生徒たちの境遇は、まったく異なっている。生徒たちは、自分で職種を選んで対価として賃金を得ているわけではなく、義務教育によって学校に強制収容され、いじめや生活指導で脅されながら親密な「こころ」をこじりだして群れにあけわたす精神的な売春とでもいうべき労働を無理強いされる。

したがって生徒は、正確に言えば、感情労働者ではなく、感情奴隷であるといえる。生徒の境遇は、「にっこり」微笑む感情労働者であるキャビンアテンダントよりも、（仕事として選択したというタイプではなく、拉致《らち》されたタイプの）性奴隷に近いといえるかもしれない。学校に強制連行されて、たまたま同じクラスに配属されただけの者と「親密な友だちとして共同生活」をさせられる強制労働は、兵士と愛しあわなければならない性奴隷としての強制労働と、同形（isomorphism）である。従軍慰安婦にされた女性に兵士と愛しあわない自由がないように、生徒にされた若い人にも、「友だち」や「先生」に親密さを感じない「こころ」の自由はない。

学校の集団生活では勉強ではなく人間関係が生活の焦点となり、生徒たちはたがいの「こころ」を気にしながら群れて生きる。学校共同体にいきわたった秩序は、その場の雰囲気を超えた普遍的なルールや正義による秩序（市民秩序）ではなく、「まじわり」「つながり」あう各人の「こころ」や「気持ち」が動くこと（を問題にすること）が、そのまま秩序化の装置となるようなタイプの秩序（群生秩序）である。このように、「こころ」や「気持ち」が秩序化の装置として位置づけられるということは、集団の「まじわり」や「つながり」に離反する「こころ」の自由が許されないことを意味する。

また「こころ」や「気持ち」が普遍的なルールや正義の機能的等価物となり、秩序化の装置として流用されるということは、「こころ」が政治的な道具となることを意味する。過酷な集団心理‐利害闘争を生き延びるためには、自己の利益にかなったやりかたで真に迫った雰囲気を醸成して、上手に他人を巻き込んだり、迫力で相手を圧倒したりすることを強いられる。「こころ」は人格の尊厳と真理の座ではなく、保身や生存のための集団心理‐利害闘争の器官として、すり切れるまで活用（exploit）される。

「こころ」の秩序空間

このような政治的共生以外で、各人が各人のやりかたで善《よ》く生きる生のスタイルを追求することは、学校共同体ではできない。学校では、選択の余地のない特定の「仲間」集団の共生が善い生であると前もって決められており、それがどんなに醜悪なものに感じられても、与えられた「みんな」の共生スタイルを生きなければならない。このことは、おのおのが、愛や信頼や倫理や美やきずなやよろこびに関する、おのおのにフィットしたスタイルの洗練や成長を享受することを不可能にする。

「こころ」の秩序空間においては、他人に咎《とが》をつけたり、言いわけをしたりする政治闘争は、行為が法や正義にかなっているかどうかではなく、もっぱら「こころ」を問題にすることによってなされる。たとえば、「あいつはムカツク」とか「ジコチュウ（自己中心的）」といった告発は、行為ではなく「こころ」を主題とした告発である。

「こころ」を秩序化の原理とした生活空間では、いつも他人から「こころ」をあげつらわれ、たがいの「こころ」を過度に気にし、不安定な気分で同調しなければならない。普遍的なルールや正義ではなく、「こころ」や「気持ち」に準拠してクレームをつける場合、攻撃する側は、気にくわない者に対して攻撃点をどこにでも見出すことができる。攻撃される側は、あらゆる方向から「こころ」を見られ、自分の「こころ」に反応する他人がどういう悪意を持つかわからず、それにより自分の運命がどう転ぶかわからない不安を全方位的に生きる。そして弱者は「友だち」に対してひたすらビクビクと「反省」の身振りをするのだが、それが強者にはめっぽうおもしろいのである。

さらに自分で友を選択して親しみが湧《わ》いてくる以前に、強制的にベタベタさせられて政治的に「仲良く」する生活環境は、個として親密性を築く能力を破壊する。そしてしばしば、本当は誰が好きで、誰がなぜ憎いのかわからなくなり、その情動の判断を場の雰囲気に代替させるようになる。数分前に仲良くしていた「友だち」が「みんな」からうとまれはじめると、半分は保身から、半分は本当に「なぜかいじわるな気持ち」になり、「みんな」といっしょに蹴っていた、といったケースは枚挙にいとまがない。

自分がいじめグループの標的になるや、今まで仲の良かった「友だち」が見て見ぬふりをしたとか、手のひらを返したようになったとか、攻撃の先鋒《せんぽう》に転じたといったことは、よくあることだ。学校共同体では見て見ぬふりが普通で、助けるほうが珍しい。また多かれ少なかれ他人がそういう目にあっているのを目撃することになる。「かかわりあい」が強制され、いじめグループと縁を切ることができない学校では、被害者を助けようとすると後でどんな「かかわりあい」が待っているかわからない。

こういう残酷で薄情な共生の現場で、いじめ被害者はよく、「仲良くできなくてごめんなさい」と泣く。そして、裏切り迫害する「友だち」に「仲良くしてもらおう」と必死になる。学校の弱者は「みんなとうまくやっていけるように自分の性格を変えなければ」と思う。

「性格を直すから、どうか仲良くしてください」

狭いところに閉じこめて「友だち」を自由に選べないようにしている学校では、次のような屈従と人格変容が起こりがちだ。すなわち自分を迫害し、信頼を裏切る悪意の「友だち」との関係で苦しむとき、より美しい関係を求めて「友だち」を変えるのではなく、自分自身の「こころ」の方を、「友だち」に仲良くしてもらえるように、変えようとする。それがどんなに酷い「友だち」であっても、それが「いま・ここ」のきずなであれば、学校の「友だち」にしがみつくようになる。実際に、いじめ被害者が、「仲良くできなくてごめんなさい」「性格を直すから、どうか仲良くしてください」と涙を流して加害者に屈服するといったことは、よくある光景だ。被害者は、悪意に満ちた「友だち」に「仲良く」してもらえるよう、自分の「こころ」の方を変えようとする。

こういう屈従は、自由な人間にとっては奇異に感じられるかもしれない。「こんな醜い人たちとは距離をおいて、もっとよい友だちとつきあえばいいのに」と不思議に思うかもしれない。誠実でない、あるいは迫害する者を友とせず、気楽にたがいの真実を語り合える者を友とするのは、自由な人間にとっては自明のことではないか。

しかし、選択の余地がない場合には、多くの人ははいつくばって、「自分の性格を変えよう」とする。

その理由を考えてみよう。

学校のクラスに朝から夕方まで囲い込むことは、酷い「友だち」に悩む者に対して、次の二者択一を迫ることを意味する。この苦しさは、友を選択できる自由な人間には理解しがたい苦しさである。

すなわち、ひとつめの選択肢は、過剰接触的対人世界にきずながまったく存在しない状態で数年間、毎日朝から夕方まで過ごす、というものだ。迫害してくる「友だち」とつきあうのをやめる。そして、数年間、朝から夕方まで、人間がベタベタ密集した狭い空間で、人との関係がまったく遮断《しゃだん》された状態で生きる。声、表情、身振り、その他、さまざまなコミュニケーションが過密に共振し接触する狭い空間で、ひとりだけ、朝から夕方まで、石のように感覚遮断をしてうずくまっている状態を、少なくとも一年、長ければ数年続けるのだ。これは、心理学の感覚遮断実験と同じぐらいの耐えがたい状態だ。

もうひとつの選択肢は、ひどいことをする「友だち」に、魂の深いところからの精神的な売春とでもいうべき屈従をして、「仲良く」してもらえるように自分の「こころ」を変える、というものだ。つまり、過酷な集団生活を生き延びるために、自己が自己として生きることをあきらめ、魂を「友だち」に売り渡す。そして、残酷で薄情な「友だち」のきずなにしがみつく。

大部分の生徒は、後者を選ぶしかない。

学校に限らず、人間にとって閉鎖的な生活空間が残酷なのは、このような二者択一を強いるからだ。
また、しかとや悪口（ぐらいのこと！）で自殺する生徒がいるのは、このような生活空間で生きているからだ。市民的な空間で自由に友を選択して生きている人にとっては痛くもかゆくもないしかとや悪口が、狭い空間で心理的な距離をとる自由を奪われ、集団生活のなかで自分を見失った人には、地獄に突き落とされるような苦しみになる。

「こころを直そう」とした少女

次の事例は、共生を強いる共同体主義の学校で、ある女子中学生が「仲間のなかで生活し仲間とともに生きて」いけるように自分の「こころを直そう」とした努力の記録である。

【事例15・ベンちゃん】

南日本のある中学校に、クラスメイトから「(勉強の) ベンちゃん」と呼ばれる勉強熱心な女生徒がいた。彼女は「友だち」のノリから浮き上がり、周囲からギスギスした圧迫を受けていた。彼女は「友だちと仲良く共同生活する」ことを強制する共同体主義の学校制度のもとで、「学校の友だち」と朝から夕方までギスギスと一緒に過ごしながら、「協調性のない自分ではだめだ」「みんなと仲良く交われるような自分になりたい」とまじめに悩んだ。そして、この悩みにつけ込んだ「学校の友だち」は、悪意をこめて彼女を壊そうとした。つまり「友だち」は、彼女に売春をさせた。彼女は「みんなと仲良くできない、まじめな自分を壊す」ために売春をし、妊娠し、中絶した。

（筆者のフィールドワークによる）

これまで本書で描いてきた群畜とでもいうべき心理 - 社会的な秩序（**群生秩序**）の大繁殖は、若い人たちを閉鎖空間に収容して強制的にベタベタさせるよう緻密に考えぬかれた、現行の学校制度の、**環境の効果**として生じたものだ。

学校共同体を支える社会通念

学校を聖なる教育の共同体であるとして万人に強制する、これまでの教育制度が、**群生秩序**を蔓延させている。

この学校共同体制度は、学校をノスタルジーとユートピアの投影先（あるいは「こころのふるさと」）とする社会通念に守られている。この社会通念は、はっきり自覚されているとは限らないが、わたしたちの社会のすみずみに浸透し、さまざまな作用をおよぼしている。

たとえば、路上で誰かが誰かを殴っているのを見たら、警察に通報するのが「あたりまえ」である。しかし、学校の「友だち」や「先生」から暴行や傷害などの被害を受けたり、またはそれを目撃したりしたとき、学校の頭越しに警察に通報すれば、校内のみならず近隣で道徳的に非難されるのは加害者ではなく被害者や目撃者のほうである。

いじめで子どもが殺されたり、自殺に追い込まれたりした親が、マス・メディアのインタビューに応じたり、事実関係を調べたり、学校や加害者（「友だち」や「先生」）を告訴したりしようとすると、しばしば、その遺族に対する憎々しげな悪口やデマが「地元のわれわれの声」として流れる。また、「学校を守れ」「先生を守れ」という父兄の有志を中心にして、近隣の人々が遺族にいやがらせを繰り返すこともある。

この光景は、かつて皇室にたてついた人が、周囲から徹底的に痛めつけられたのとよく似ている。

2――理論を応用してどのように社会を変えられるか?

「生きがたさ」を生む群生秩序が蔓延するメカニズム

先に第2章で述べたように、**群生秩序**は、人間を内側から変えつつ、その変換の連鎖として自己を産出し続ける心理 - 社会的な場の秩序であった(図3、59ページ)。この**群生秩序**は、本章第1節で述べたように、制度・政策的マクロ環境としての学校共同体制度のもとで蔓延している。これを、前記図3にマクロ環境の部分を加えて図示すれば、図15のようになる。

どのような制度・政策的な環境条件のもとで、**群生秩序**が蔓延するのか。どのように制度・政策的な条件を再設定すれば、**群生秩序**を蔓延させないようにできるのか。心理 - 社会的なミクロ秩序と環境が接合《リンク》するメカニズムを明らかにし、その知見にもとづいて政策を実行することによって、わたしたちが生きる社会を変えることができる。この青写真を提出することが、本書の最終目標である。

さて、本書第1章で、秩序の生態学モデルの基本的な論理を示した(図1「秩序の生態学的布置」33ページ)。すなわち、通常の社会状態では、ひとつのタイプの秩序が純粋にそれ

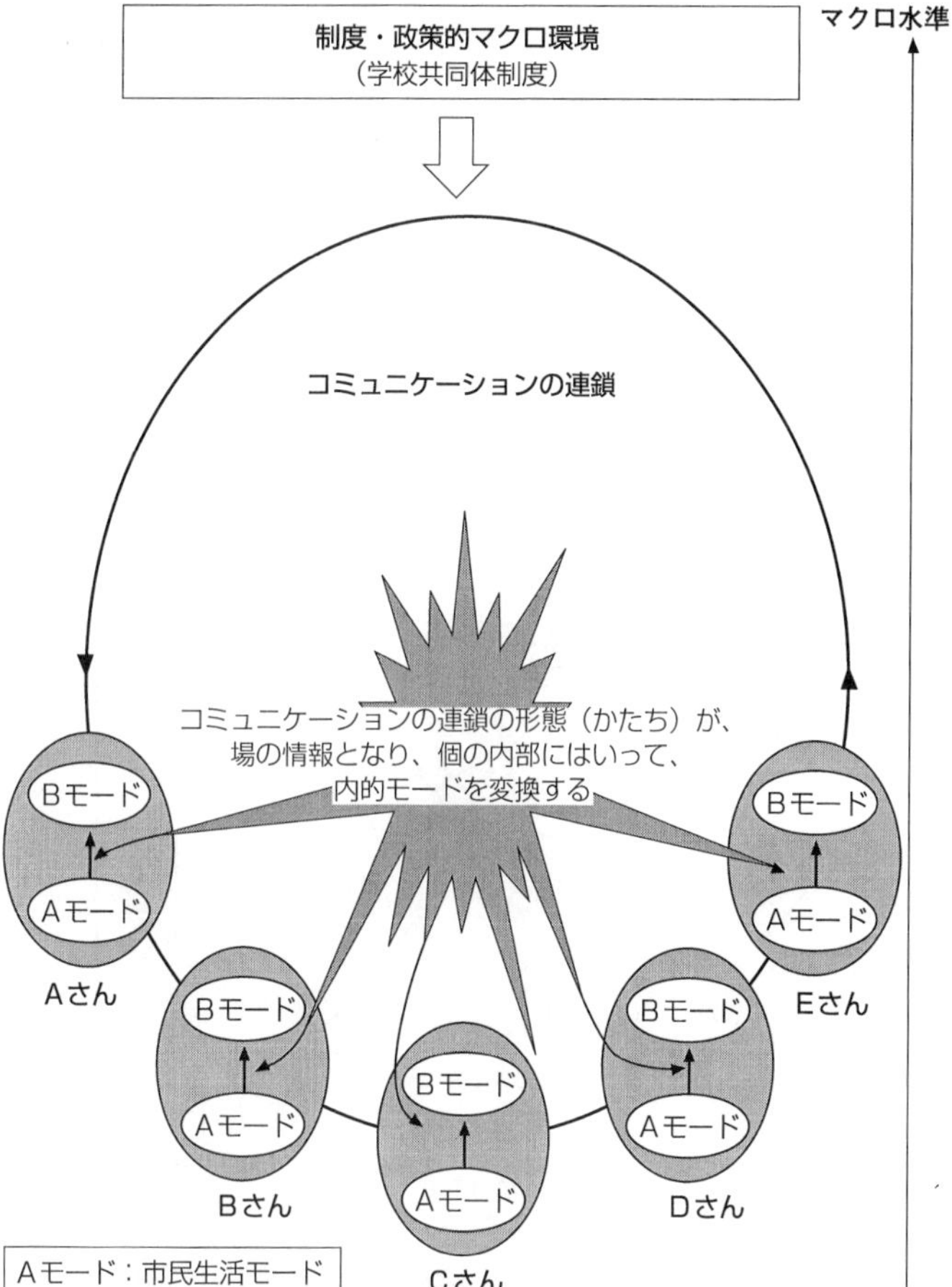

図15　内的モードの変換が連鎖する心理理－社会的な場の秩序（群生秩序）

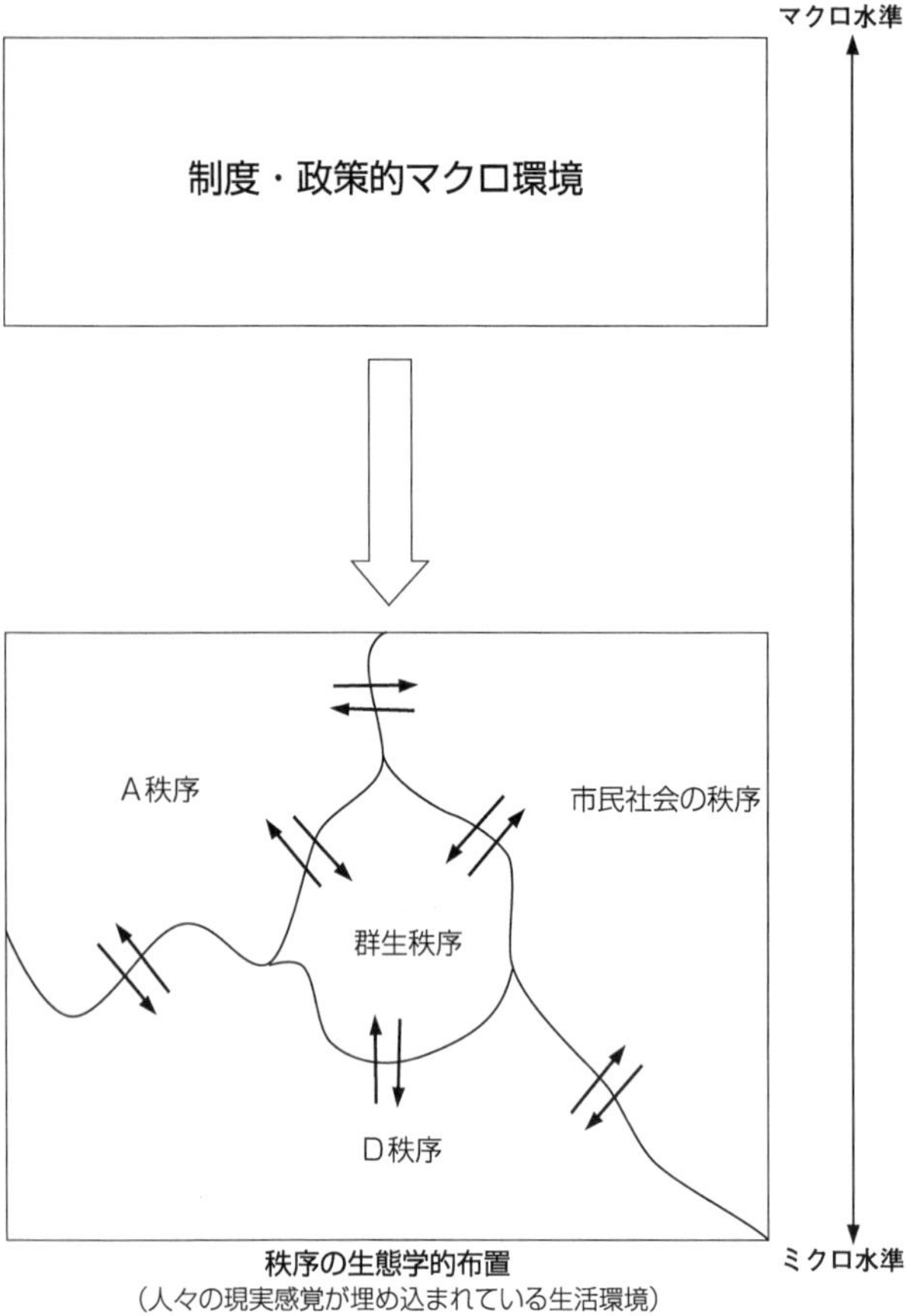

図16　制度・政策的マクロ環境と、秩序の生態学的布置

だけで存在することはめったにない。ほとんどの場合、A秩序、B秩序、C秩序……といったふうに、さまざまなタイプの秩序が、他の秩序との関係のなかに位置（生態学的ニッチ）を占めて存在している。どういうタイプの秩序が優位であるかによって、現実感覚《リアリティ》が刻々移り変わり、「あたりまえ」も変化する。

本書で問題にしてきた**群生秩序**は、この秩序の生態学的布置のなかで、他のタイプの秩序とせめぎあいながら繁茂したり衰退したりする。

ところでこの秩序の生態学的布置は、制度・政策的なマクロ環境によって条件づけられている。このことを、先の基本図（図1、33ページ）にマクロ環境の部分を加えて図示すれば、図16のようになる。

秩序の変容

秩序の生態学的布置は、環境の変化によって、大きく変わる。そしてこの変化に応じて、あの「生きがたい」**群生秩序**が、繁茂したり、衰退したりする。以下の図17および図18は、環境が変化した場合の、秩序の生態学的布置の変化を示す。

まず次ページの図17を見ていただきたい。

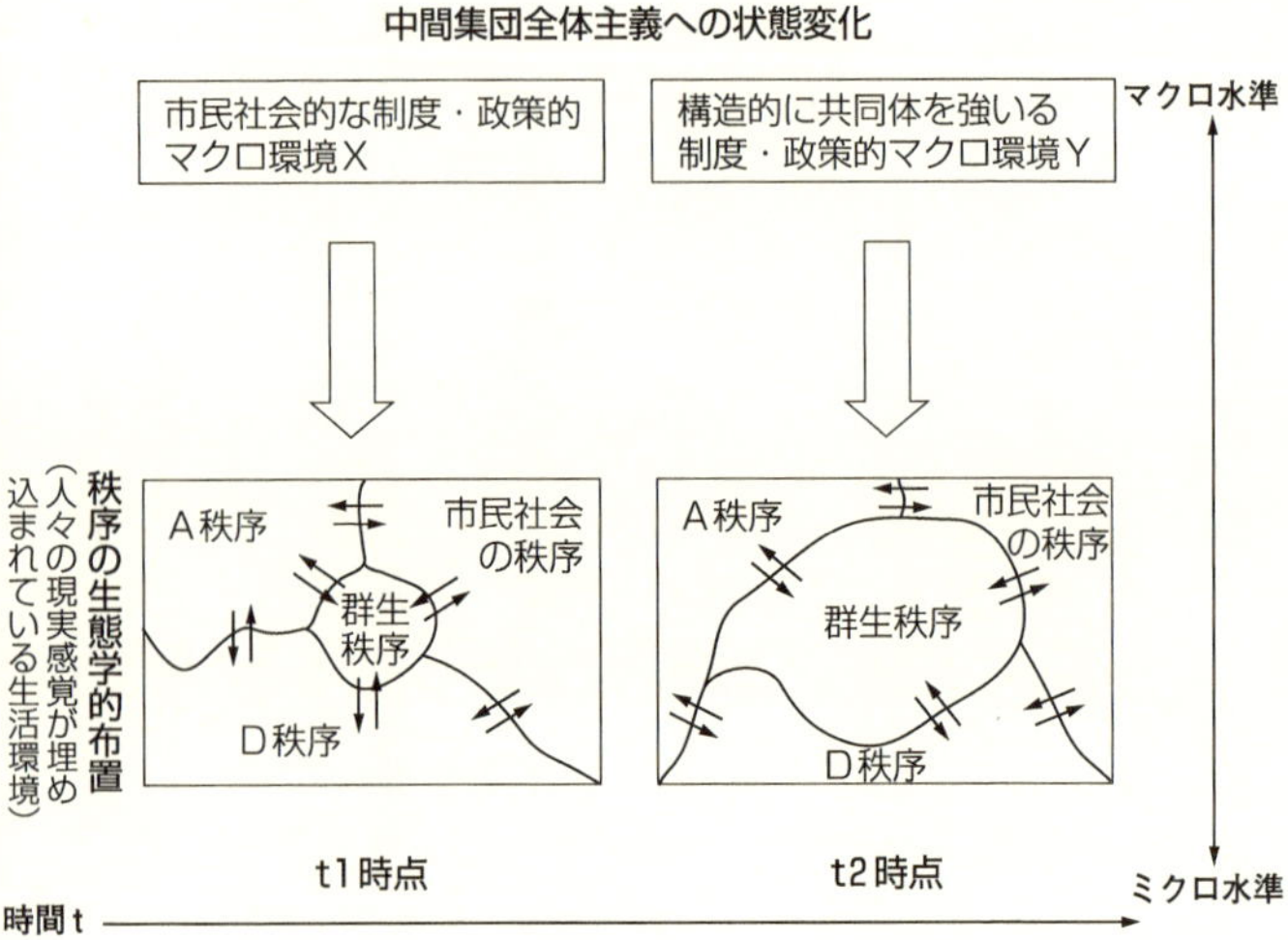

図17　t1時点からt2時点への変化

市民社会的な制度・政策的マクロ環境Xから、学校や文化大革命や隣組などの構造的に共同体を強いる制度・政策的マクロ環境Yへと、マクロ環境が変化すると、社会の津々《つつ》浦々《うらうら》で、秩序の生態学的布置が群生秩序優位になり、「あたりまえ」の現実感覚が変わる。そして社会のすみずみで、卑屈な人間が暴君になり、「ニコニコ愛想いいお店のおじさん」が怒鳴り散らす（後出【事例18・近所の人たちが狼に】246ページ）といったできごとが蔓延しだす。また、優等生風の女子中学生が、ヒューマニズムを語る講演者を睨《にら》みつけ、「死んじゃった、それだけです」と、自分たちの小さな世界の常識を学校の来客に説明するようになる（【事例3・遊んだだけ】26ページ）。

まるで夢から覚めたかのように

このように考えると、群生秩序をはびこらせないために何をしたらよいかが明らかになる。

市民社会的なマクロ環境Xのもとでは、群生秩序の圧倒的な優位が社会のすみずみに蔓延することはない。次ページの図18のように、制度・政策的マクロ環境がYタイプからXタイプに変化すると、それに従って社会のすみずみで、群生秩序よりも市民社会の秩序が優位になり、それにともなって人々の現実感覚も再び反転していく。

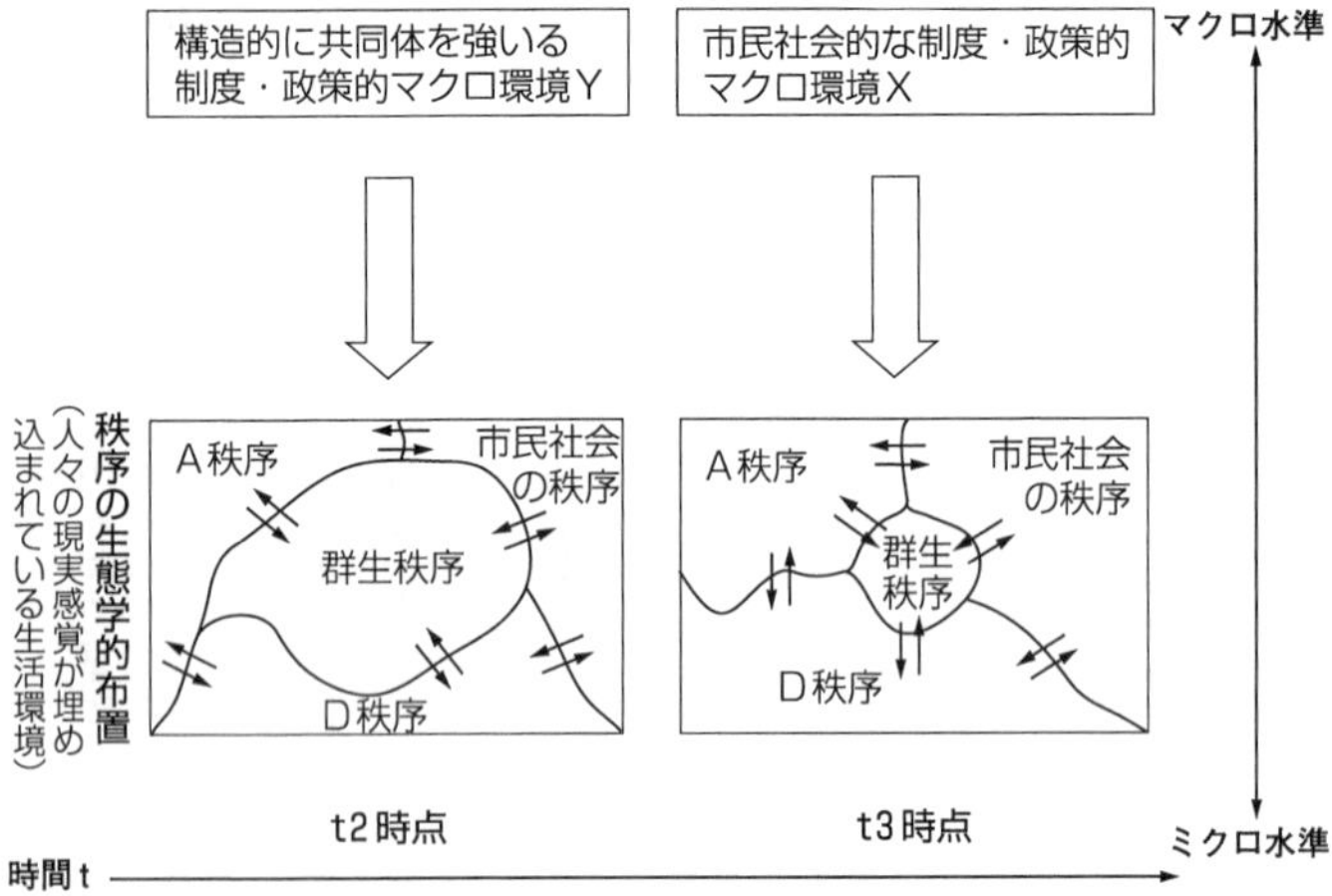

図18　t2時点からt3時点への変化

たとえば日本の敗戦とともに、かつての隣組で怒鳴っていた迫害者は「ニコニコ愛想いいお店のおじさん」に戻り（後出【事例18】、246ページ）、大日本少年団の「小権力者は社会が変わると別人のように卑屈な人間に生まれ変わった」（第7章）。また学校の集団生活で残酷ないじめにふけっている者ほど、市民社会の論理が優勢な場面では「おとなしく、存在感の薄い」少年に変貌する。マクロ環境の変化とともに、こういったことが社会のすみずみでいっせいに起こるのである。

このとき、人々は利害計算の値に反応していると同時に、夢から覚めるように、内的モードがごっそりと別のタイプに切り替わっている。

次の事例では、学校共同体から脱した女性が、まるで夢を見ていたかのように、いじめにふけっていた数年間を回想している。

【事例16・フシギな気持ちです】

この女性が小学六年生のとき、同級生のA子とB男をクラス全員でいじめ、A子を自殺未遂にまで追い込んだ。

「私たちにはホンの少しも罪の意識はなかった。それどころか、いじめる楽しみで学校に通っていたような面さえありました。冷たいようですが、彼らのことを〝かわいそう〟と思ったことは一度もありませんでした。

もちろん、今では当時のことを深く反省しています。クラスの他のみんなも私と同じ気持ちでしょう。〝なんであんなことをやったんだろう〟とフシギな気持ちです。(中略)先日、本屋さんで、たまたまA子と会いました。私たちは〝大人〟になっているので、常識的に笑顔で世間話をしました。だけど、彼女の心のなかは、いじめられた思い出でいっぱいだったんじゃないでしょうか。私にしても、バツが悪くて、裸足で逃げだしたくなりましたから」(19歳女性)。

(土屋守監修、週刊少年ジャンプ編集部編『ジャンプ いじめリポート』集英社)

学校で群れの生活をしているときと、市民としての日々を送っているときとでは、生きている現実感覚が激変しており、そのことが当人にもよく理解できていない。ただ、自分が変わったとしか意識できない。当人は「フシギな気持ちです」としか言いようがないのである。

筆者は第1章で次のように述べた。

「加害生徒たち(そして教員たち)は、自分たちが『学校的』な空間のなかで生きていると感じている限り、自分たちなりの『学校的』な群れの生き方を堂々と貫く。彼らが、そのようなふるまいをやめるのは、市民社会の論理に貫かれ、もはや『学校的』な生き方が通用しないと実感したときである」（25ページ参照）

ここから、社会のしくみを変えることによって、なくてもよいはずの生の苦しみを雲散霧消させる希望が開ける。「もはや『学校的』な生き方が通用しないと実感」するように、制度的に生活環境を変えれば、このような事態は、「あれは何だったのか？」と思えるようなしかたで、夢のように消えてしまうのである。ここに希望がある。

生態学的設計主義

前記図18に該当する事例は、日本の敗戦時の場合（第7章参照）も、先の【事例16】のように学校を卒業した場合も、**群生秩序**の地獄から人間を救うことを意図してなされた変化ではなく、単なる自然的な推移である。それに対して、これまで論じてきた秩序の生態学モデルを、問題解決のための制度設計モデルとして扱うこともできる。するとそこから、図18があらわすような秩序の生態学的布置の変化をみこして、その制度・政策的マクロ環境をコントロールするという、あらたな社会政策論が生み出されてくる。つまり、図18のような変化を自然的な推移にとどめず、政策的に引き起こす作為の過程とするのである。これを、**生態学的設計主義**と呼ぼう。

ただし、この生態学的設計主義は、群生秩序を蔓延させるための悪魔の道具にもなりうる。いくつかの民族紛争地域においては、秩序の生態学モデルを直感的に会得していると思われる政策グループが、隣人たちが憎みあい、殺しあうようにたくみにしむけている可能性もある。また生徒たちが合唱の声のように共に生きることを強制する現在の学校制度も、市民的自由を憎む共同体主義者たちの生態学的実践知によって試行錯誤されてきた結果なのかもしれない。つまり、生態学的設計主義の政策は、前記図18のような事態のみならず、前記図17（186ページ）のような事態をも作り出しうるのである。この生態学モデルは、従来ことばにされてこなかったが、政策をよくも悪《あ》しくも実行する者たちが会得してきた実践知と重なるかもしれない。

いずれにせよ、生態学的設計主義にもとづく実践を、それ自体がよいものととらえるのは誤りである。秩序の生態学モデルは、いかなる価値観をいだく者にとっても利用可能という意味でも、普遍的なものである。

コラム2　いじめは日本特有か?

しばらく前まで、「いじめは日本特有」という先入観があったが、一定の環境条件下では世界のあらゆる地域で蔓延しうる。

たとえば、日本より成熟した社会であるかのように誤解されがちな英米圏や北欧圏でも、学校が若い人たちの生活をトータルに囲い込む共同体のスタイルをとっているので、いじめのひどさはかなりのものだ。

イギリスの社会学者のスミスとシャープによれば、同国では毎年六〜七人の若者がいじめを理由に自殺している(スミス&シャープ編『いじめととりくんだ学校』ミネルヴァ書房)。イギリスの人口がだいたい日本の半分であることを考えれば、かなりの数である。

同じく社会学者のオルウェーズによれば、ノルウェーでは生徒の七人に一人がいじめにかかわっており、スウェーデンのいじめはもっとひどい(Olweus, D. *Bullying at School*, Blackwell)。彼は同国の新聞記事から次のような事例を取り上げている。

【事例17・クラスメイトの玩具】

一三歳のジョンは、二年間にわたってクラスメイトたちの玩具にされた。ジョンはカツアゲされ、雑草を食わされ、洗剤入りの牛乳を飲まされ、便所で殴られ、首にひもを結ばれ、「ペット」として引きまわされた。取り調べを受けた加害者たちは、「おもしろいからやった」と答えているそうだ。

（オルウェーズ前掲書より）

人間は天使でも悪魔でもなく、いわば天使と悪魔の混ぜものである。一三歳ぐらいになれば、「やっても大丈夫」な密室状況であれば、一定数の者がこれぐらいのことを平然とやる。日本人であるないにかかわらず、である。

大事なことは、なぜ「やっても大丈夫」な状況が二年間にもわたって続いたのか、なぜ学校が「やっても大丈夫な特別な場所」と受けとられ（状況定義され）てしまうのか、ということだ。これは制度・政策的な環境条件のせいであるといってもよい。

大切なことは、どういう制度・政策的環境条件下で、どういうタイプの集団に、どういうメカニズムでもって、いじめが蔓延しやすくなるか、ということだ。

たとえば江戸時代の薩摩藩は、地域コミュニティ（郷中）を舞台として青少年（年少を稚児、年長を二歳《にせ》という）を濃密に囲い込む、独特の自治的集団教育（郷中教育）を振興していた。稚児や二歳たちがくりひろげるマッチョな暴力（そしてあの有名な薩摩の同性愛）は、藩校ではなく、地域を舞台にしていた。地元のマッチョな勇士たちも、藩校では比較的おだやかで礼儀正しくふるまっていたという。

それに対して現代の日本では、青少年のいじめの多くは学校を舞台としているか、学校を培養基にして地域に漏出している。しばしば陰惨なリンチ事件を起こす「地元」のチンピラ風若者グループの多くは、中学校の人間関係がその起源となっている。学校で暴力やいじめにふけっている者も、町の八百屋や自動車教習所では礼儀正しい市民としてふるまう。これは一定の制度・政策的環境条件のなせるわざである。

世界のさまざまな地域や歴史上のさまざまな時点を比較研究してみると、いじめの培養基の所在と制度・政策的環境条件との関係が明らかになってくるだろう。

二宮皓《あきら》によれば、世界の学校は、①若い人の生活をトータルに囲い込むことを期待されるタイプ（英米型）と、②もっぱら勉強を教えることを期待されるタイプ（大陸型）と、③学校ではなく地域集団のほうで集団主義教育をするタイプ（社会主義型）の三つに分類することができる。アメリカやイギリスなどの学校は、若い人たちを濃密に囲い込むタイプ（英米型）であり、それに対してドイツやフランスなどの学校は、そういうことを期待される傾向が相対的に小さい（大陸型）という（二宮皓編著『世界の学校』福村出版）。

しかし、世界の国々の教育政策は錯綜しているので、「英米」とか「（ヨーロッパ）大陸」といった名前よりも、学校共同体型とか学校教習所型といった機能を示す名前のほうがよい。社会主義型は、地域軍団型に改めたほうがよい（薩摩藩の郷中教育を社会主義型と呼ぶのはおかしい）。

教習所型の場合、基本的に学校は乱暴なことを「やっても大丈夫な居場所」ではない。

学校は共同体とみなされないので、自分たちのムカツキを受けとめる容《い》れ物《もの》、あるいは包み込む子宮のような空間とはみなされない。暴れたらあっさり法的に処理され、学校のメンバーシップも、しばしばあっさり停止される。それに対して日本は「生活を囲い込んでベタベタさせる」学校共同体型の、極端に突出したタイプである。その極端さが「日本的」と呼ばれてきた。

日本にかぎらず、世界中の「生活を囲い込んでベタベタさせる」学校共同体制度が、程度の差はあれ、若い人たちを本書で描いてきたような境遇に追いやっている。いじめは、日本特有ではなく、世界共通（あるいは人類普遍）の心理－社会的なメカニズムによって蔓延し、世界共通（人類普遍）の心理－社会的なメカニズムによって減らすことができる。

第6章　あらたな教育制度

1――短期的な二つの政策

では、どのように教育制度を変えればよいのか

この章では、これまでの議論にもとづいて、どのように教育制度を変えたらよいかを提案する。

現行の学校制度は、若い人たちに、密閉空間で一日中、ベタベタしながら共同生活をおくることを強いる。この学校共同体制度のもとで、人間の尊厳を踏みにじる**群生秩序**が蔓延する。聖なる教育の共同体を徹底的に強制する場としての学校は、**群生秩序**の培養を行う実験室のような生活環境になっている。

問題解決のためには、**群生秩序**をはびこらせる現行の教育制度を廃し、新しい制度を実施する必要がある。本章第3節では、これまで論じてきたことを用いて、この根本的な改革案を示す。

この、制度・政策的マクロ環境を根本的に変革するプランは、実現するのに長い時間を要する中長期的なものになるだろう。旧制度から新制度への移行期に苦しむ人たちのことを考えれば、中長期的改革の効果があらわれるのを待つあいだに、パーフェクトではない

が、現行の学校制度の大枠のなかで実行可能で、「はっきりと効く」短期的政策も同時並行的に行う必要がある。

以下では、まず即効的な短期的政策を述べ（第1節）、その後で、中長期的政策として、教育制度の根本的改革のヴィジョンを述べる（第2・3節）。

学校の〈聖域としての特権〉を廃して学級制度を廃止せよ

短期的政策は、次の二つを同時に実施するシンプルなものである。これは、学校制度の大枠を変えることなく、比較的容易に実行可能である。

1〈学校の法化〉

加害者が生徒である場合も教員である場合も等しく、暴力系のいじめに対しては学校内治外法権（聖域としての無法特権）を廃し、通常の市民社会と同じ基準で、法にゆだねる。そのうえで、加害者のメンバーシップを停止する。

2〈学級制度の廃止〉

コミュニケーション操作系のいじめに対しては学級制度を廃止する。

「解除キー」

加害者が生徒であれ教員であれ、暴力に対しては警察を呼ぶのがあたりまえの場所であれば、「これ以上やると警察だ」の一言で、(利害計算の値が変わって)暴力によるいじめは確実に止まる。学校や職場で、自分が大きな損失をこうむってまで特定の人をいじめ続けるといったことはほとんどなく、いじめは基本的に「やっても大丈夫」「やったほうがむしろ得だ」という利害構造に支えられて蔓延し、エスカレートしているからである。

第4章で述べた、利害と全能の接合から生じる心理‐社会的な政治空間のうち、暴力を主要な媒体(メディア)とするタイプは、法をきちんと入れることによって一気に消滅させることができる。

さらに法を導入することは、場の情報を切り替え、そのことによって現実感覚のモードを切り替える強力な作用をおよぼす。

第2章では、場の情報が個をとびこえて内部に入り、そのことによって内的モードが切り替わる心理‐社会的なメカニズムを論じた(58ページ参照)。人は、場の情報によって、いくつかの〈世界〉のスイッチが切り替わるような方式で、さまざまな現実感覚のモードを生きている。法は、その場その場の〈世界〉の切り替わりを引き起こす、強力な場の情報（「解除キー」）として働く。

たとえば、法執行機関（警察）が目の前に迫ってきたり、あるいは「警察を呼ぶ」「告訴する」「あなたの行為は、刑法○○条に触れている」といった法の言葉が発せられたりするだけで、それは、強力な場の情報（「解除キー」）になる。そして、人々の現実感覚は、聖なる集団生活のモードから、市民社会のモードへと、瞬時に切り替わる。「キレ」たり大騒ぎしたりしながら、集団心理‐利害闘争にふけることが「生きることのすべて」となる教育の共同体では、何を言われようと残酷ないじめを繰り返すモンスターたちが、市民社会の論理に貫かれた「普通の場所」では、おとなしい小市民に変わる。

ちょうど催眠術にかかった人が、ある「解除キー」となる言葉によって一気に醒《さ》めるように、法には、人を市民社会に連れ戻す「解除キー」としての働きがあるのだ。

学校に限らず、個を守るために法が入らず、仲間うちの脅しや暴力に対してなすすべがない「泣き寝入り」状態を日常的に体験させることは、市民的な現実感覚を破壊し、**群生秩序**を骨の髄まで習慣化する教育効果を有する。それに対して、仲間うちの勢力関係をとびこえて法によって加害者が処罰されるのを目撃する体験は、中間集団は強い者が弱い者を圧倒する力によって治められるという秩序学習をさせず、普遍的な正義が法によって守られていることを学習させる市民教育として効果がある。ちなみに、このような観点から、万引きなどに対しても、法が作用する経験をさせることは有効である。学校に囲い込まれて「生徒らしい」生活をしていると、仲間うちの「ノリ」を超えた広い社会の普遍的な秩序が存在することを体感できなくなりがちである。

以上のように、暴力に対しては、利害と場の情報という両側面の効果により、法を入れる政策が絶大な効果をもたらす。

コミュニケーション操作系のいじめには

次に、コミュニケーション操作系のいじめの問題に入ろう。

生活のおりおりの、「嫌い」という感情が表にあらわれただけのことばや、表情や、皮肉な笑い、無言のニュアンスなどを記録することは不可能だ。また仮にできるとしても、それを法的な取り締まりの対象にすることは、市民社会の法のありかたとして好ましくない。そのような意味で悪口、「しかと」「くすくす笑い」といった、コミュニケーション操作系のいじめに対して、司法は無力であるし、また無力でなければならない。

では、どのように対処すればよいのか。

第5章第1節（169ページ参照）で論じたように、コミュニケーション操作系のいじめは、親密な人間関係を選択する交際圏を極小化する、小ユニットへの強制《おしこめ》帰属の効果によって成立している。それは、共同体主義的な学校の枠がなければ存在しえないか、少なくともその効力が無視してよいほど微小なものになってしまうタイプの迫害である。

学級や学校への囲い込みを廃止し、出会いに関する広い選択肢と十分なアクセス可能性を有する生活圏で、若い人たちが自由に交友関係を試行錯誤できるのであれば、「しかと」で他人を苦しませるということ自体が存在できなくなる。

たとえば、大学の教室では、だれかが「しかと」をしようとしても、それが行為として成立しない。何やら自分を苦しめたいらしい疎遠なふるまいをする者には魅力を感じないので、他の友ともっと美しいつきあいをする、という単純明快な選択を行うだけですべてが解決する。「しかと」をしようとする者は、相手を苦しめるどころか、単純明快に「つきあってもらえなくなる」だけである。

市民的な自由が確保された生活環境であればあるほど、コミュニケーション操作で人を苦しめようとする者は、コミュニケーションがじわじわと効いて相手が被害者になる前に、単純明快につきあってもらえなくなる。被害者の候補は、邪悪な意志をただよわせた者たちから遠ざかり、より美しいスタイルの友人関係に親密さの重点を移していく。たったそれだけのことで、コミュニケーション操作系のいじめは効力を無化されてしまうのである。

結局自由に友を選べる広い交際圏では、他者を被害者にしたてあげるよりも速い速度で、関係が不可能になる。広い交際圏では、魅力によってしか距離を縮めることができない。教育制度を変革して広い交際圏で自由かつ容易に友を選べるようにすれば、生徒たちは古代インカ帝国の儀式をリアルに思い浮かべることができないように、「しかと」とはいったい何なのか理解できなくなる。

短期的な処方箋としては、現在の学校制度の枠内で学級制度を廃止するだけでも、かなりの効果が期待できる。もちろん単一の学校に強制帰属させる制度を廃止するべきであるが、その中長期的な改革の実現を待つあいだに学級制度を廃止するだけでも、当面の現状をよりましなものにすることができる。

ただし学級制度を廃止しても、暴力を放置すればギャングが跋扈《ばっこ》することになる。暴力を厳格に司直の手に委ねる学校の法化と学級制度の廃止は、両方同時に行わなければならない。

2——自由な社会とは

二一世紀の教育政策

中長期的な政策は、明治国家によって学校が強制されて以来一〇〇年の教育政策をいわば骨組からつくりかえる改革である。

このような大改革は、望ましい社会についての社会構想を示さなければ実行することができない。教育政策は、それだけで独立しているのではなく、この社会構想に埋め込まれたものだからだ。

そこで筆者は、まず、望ましい社会についての社会構想を示す。それは、自由な社会である。その自由な社会の原理にもとづいて、新しい教育政策を提示する。

まずこの第2節では、自由な社会の原理を説明する。そのあと次節で、この原理にもとづいて中長期的な教育政策を提示する。この政策は、本書で述べてきた「生きがたい」心理‐社会的な秩序を衰退させる制度設計の一部であり、豊かで自由な先進国の一員としての、二一世紀日本にふさわしい教育政策である。

透明な社会

それでは、少しまわり道になるが、自由な社会の原理を説明するために、自由な社会とは正反対の社会を考えることからはじめよう。

それは透明な社会である。

透明な社会では、何がよい生であり、何がよいきずなであるかが、ひとりひとりの幸福追求をとびこえて決めつけられる。「われわれ」にとってのよい生は、すべての人にとってのよい生でなければならない。ここでは、個が全体にぴったり響きあっているペンキ絵のような理想を、他の人に強制する。人々は、個人個人が分散して幸福を追求する不透明さや「ゆるさ」に「母なる社会」を汚す不気味なものを感じて、不安でいっぱいになる。自分たちの好みのスタイルと異なるスタイルを目の当たりにしただけで、「わたしたちの世界《コスモス》が汚された」という憎悪と被害感でいっぱいになる。彼らは、人間を自分たちが考えるところの「本来の姿」に戻すために、残酷なことを平気でやる。

社会は、「われわれ」の決まった生のスタイルで覆い尽くされた共同世界《コスモス》である必要があるのだ。学校は、このような透明な社会の典型例である。

学校は本来、学習サポート・サービスを若い市民に提供する組織であり、勉強を教える場であるはずだ。しかし、分数やアルファベットも理解せずに中学を卒業する者がいても、多くの教員は(困ったことではあるにしても)学校《コスモス》が崩壊したとは感じない。しかし、学習サポート・サービスを受けるクライアント(生徒)が、当然の市民的自由として髪を染めたり、ピアスをしたり、制服を着なかったりすると、教員たちは、学校が汚され、壊されたような被害感と憎しみでいっぱいになり、それがとてつもない大罪であるかのように騒ぎ立てる。

学校は、制服を着せ、靴下の色や髪の長さまで強制し、運動場で「気をつけ」「前へならえ」をさせたりすることで、生徒を「生徒らしく」しようとする。その生徒の「生徒らしい」隷属のかたちによって、単なる学習サポート・サービスを提供するための組織の敷地に、聖なる「学校らしい」学校が顕現する。なぜ生徒が茶髪《チャパツ》にしてはいけないのかというと、それは聖なる「学校らしさ」が壊れるからである。

このように考えると、「生活指導に熱心」な教員たちが示す、あたかも生徒の命よりもスカートの長さや靴下の色（「生徒らしさ」）のほうが大切であるかのような、あの大げさなムードが理解可能になる。学習サポート・サービスを提供する従業員（教員）が、「生徒らしく」ないと感じたサービスの受け手（生徒）に、被害感（恥辱感）を感じて「キレ」て、暴力をふるったり、怪我をさせたりする犯罪が後を絶たないことにも説明がつく。

透明な社会では、神や学校や国家や民族や共同体などに己《おのれ》の存在が貫かれていることを、日々かたちにあらわして生きねばならず、そのための生のスタイルが指定されている。人々がその「らしい」生のスタイルを生きるかたちが、社会（あるいは部分社会）を埋め尽くすことによって、ひとりひとりの生命よりも尊い集合的生命としての共同世界《コスモス》が地上に顕現する。

それぞれにとっての生のスタイルときずなを生きる

それに対して、自由な社会は、すべての人にとって望ましい一種類の生き方やきずなのありかたは存在しないことを前提にしている。

現実の人間の姿は、次のように多様なものである。

Aさんにとって、「このおかげで生まれてきてよかった」と思えるすばらしいものは、Bさんにとっては醜悪だ。Bさんが命がけで守ろうとしている価値は、Cさんにとってはおぞましい野蛮人の習俗である。Cさんにとっての幸福は、Dさんにとっては退屈な牢獄以外の何物でもない。Dさんが「生きている」と感じるきらめきの瞬間は、Eさんにとっては底冷えするようなウソの世界である。

このような、Aさん、Bさん、Cさん、Dさん、Eさん……がたがいに理解したり共感したりできなくても、攻撃したり、望ましい生き方を無理強いしたりすることなく、それぞれにとっての望ましい生のスタイルときずなを生きることができる社会が、自由な社会である。

自由な社会の状態は、放っておいておのずとできあがるものではない。多種多様な「よい」生のスタイルときずなを生きる者たちが、たがいに侵害したり、殲滅《せんめつ》したりすることなく、それぞれがそれぞれの「よさ」を生きるためには、しっかりした社会制度が必要だ。

この制度の役割は、他のスタイルを生きる人に対する攻撃を禁止し、個人の選択と移動の自由を実質的に保障する、といったことだ。自由な社会を維持するためには、構造的な力関係によって人格的な隷属を引き起こしやすい社会領域（学校、職場、家族、地域社会、宗教団体、軍隊など）に対して、個の自由と尊厳を確保しやすくするための制度的な介入のしくみをはりめぐらす必要がある。また、人々がさまざまなライフチャンスにアクセスする権利を保障しなければならない。そのためには、ある程度の規模の政府が必要になる。

もっとも重要な方針は、他人に特定の生のスタイルを無理強いせずにはおれないゆがんだ情熱と、利害図式（特に権力図式）が、構造的に一致するチャンスをなくしていくことだ（この一致点を狙い撃ちする戦略については、コラム3「利害図式と全能図式」、236ページを参照されたい）。他人を自分の思いどおりになる透明な存在に改鋳《かいちゅう》せずにはおれない人たちについて詳細に研究するのは、制度・政策的に環境条件をととのえて、彼らが他人を思いどおりにしようとするいとなみにふける余地（チャンス空間）をなくす社会設計のためだ。

具体的な枠組

具体的な枠組を考えるうえで、次の二点が重要だ。

①現在、人々を狭い閉鎖的な空間に囲い込んでいるさまざまな条件を変える。生活圏の規模と流動（可能）性を拡大する。

②公私の区別をはっきりさせ、客観的で普遍的なルールが力を持つようにする。

狭い交際圏では人格的隷従から逃れようがない。自由に移動できる広い交際圏があってはじめて、ある人間関係が酷いものであった場合に、縁を切ったり、薄めたりしながら、別の人間関係に重点を移すことができる。

公私の峻別については、たとえば仕事や勉強をすること（公）と「仲良く」すること（私）を峻別する社会システムのなかで、はじめて個の人格権が保障される。「仲良く」しなければ仕事や勉強にならない社会では、生きていくために「へつらう」、つまり上位者や有力なグループに自分の生のスタイルを引き渡さざるをえない。それに対して公私の明確な区別は、職務や認定試験の公的基準に達していれば、私的な感情を売り渡して「仲良く」しなくても、身の安全が保障されるという安心感を与える。この安全保障が、卑屈にならなくても生きていける人格権を保つ最低ラインだ。

支配（「支配」も「服従」も中立的な概念だ）は、態度や心を問題にせず、外形的行為のみを問題にする「客観的で普遍的なルール」によって行われる必要がある。このようなタイプの普遍的なルールに従う人は、人格のごく一部、それも外側の乾いた部分だけを服従に充《あ》てることができる。「やる気を見せろ」「みんなと仲良くしろ」「おれ（たち）の気分のいいようにしろ」といった全人的な支配は、きわめて屈辱的で耐えがたいのに対して、「一定以上の収入があれば税金を払え」とか、「医師になりたければ国家試験に合格しろ」といった普遍的なルールによる支配は耐えやすいものだ。

こういう普遍的なルールの支配は、人間の憎悪と妬《ねた》みと悪意に満ちた邪悪な部分に、出る幕を与えない傾向がある。そして「悪ずるい」政治的な能力の出る幕を減らす。もちろん、普遍的で客観的なルールといっても、それを狭い人間関係の自治で決めてはならない。また運用も恣意的であってはならない。

この、自由の制度は、他人を強制的にコントロールすることでアイデンティティを保っているような人にも強制される。自由な社会は、他人の自由を侵害する自由をみとめず、それを徹底的に阻止する。

その意味で自由な社会は、次のようなタイプの人には都合が悪い社会だ。たとえば、自分を中心とした勢力の場に他人を巻き込んだりコントロールしたりして、強大なパワーを感じたい人がいるとしよう。こういう権勢欲の人たちは、自分が苦労して牛耳《ぎゅうじ》った集団のノリのなかで浮き上がったまま堂々としている個人をみると攻撃せずにはいられない。

あるいは、人間はかくあるべきだという共通善に関する思い込みを持っていて、その信念に反する人々が存在するのを目にすること自体が耐えがたいという人がいる。こういう人は、若い人が茶髪で学校や街を歩いていたり、電車のなかでキスしていたり、働かずに好きなことをしていたりするのを見かけるだけで、被害感と憎悪でいっぱいになる。こういう人たちには不快な思いをしてもらうことになる。

距離をとる権利

自由な社会では、たがいに相容れない多様な生のスタイルを生きる人たちが、平和に共存しなければならない。他人への迫害は厳しく禁止される。だから、街や職場や学校で、肯定的に受けとめることができない別のタイプの生を生きる人たちが存在しているのを、いつも目にして生きることになる。自由な社会では、このことだけは我慢しなければならない。

それに対して、特定の生のスタイルが共通善として強いられる透明な社会では、それ以外の多様な生のスタイルが絶滅させられがちだ。そして個々人には次のようなきわめて耐えがたい事態が降りかかってくる。

①自分の好みの生のスタイルを共通善の玉座にすえるための陰惨な殲滅戦。
②主流派になれなかった場合には、自分の目からは醜悪としか思えない共通善への屈従（へつらいの人生）を生きなければならない苦しみ。
③「われわれ」の特定の善なる共同世界《コスモス》を「共に生きる」ために、自分を嫌いになってまで、その共通善に「自発」的に服従しているかのように、人格を加工しなければならない（いわば魂の深いところからの精神的な売春を強いられる）屈辱と絶望。

こういったひとつの透明な社会《コスモス》が強制される苦しみと比較して、自由な社会で強制されるのは、なじめない者の存在を許す我慢（寛容）だけだ。「存在を許す」というのは、攻撃しないという意味であって、「仲良く」するのとは違う。むしろ「仲良く」しない権利が保障されるからこそ、「存在を許す」ことが可能になる。

自由な社会では、攻撃することは許されないが、嫌悪を感じる者とのあいだに距離をとる権利（あるいは生々しいつきあいを拒絶する権利）が保障される。自分にとって醜悪な者が大手を振って生きているのを見ることに耐えなければならないだけで、自分がそのスタイルに巻き込まれる心配はない。この安全保障が、人間社会にたえず自然発生し続ける憎悪と迫害の力を弱め、ひとりひとりが自分なりのしかたで美しく生きる試みを可能にする。

自由は、人が誇りを持ってそれぞれの生を美しく生きるためになくてはならないものであると同時に、多種多様な相容れない生のスタイルを生きる人々が、「仲良く」しなくても共存できるようにする社会の秩序原理でもある。「存在を許す」自由の秩序は、「仲良く」しなくても安心して暮らせるしくみなのだ。

自由ときずな

さて、これまで述べてきた自由な社会は、なぜか「きずなをバラバラにするものだ」といった誤解を受けやすい。

こういう誤解は、「きずな」なるものを単数で、しかも宿命的なものとしてイメージすることから来ている。「たとえ屈従的なきずな（単数）であっても、それが現に生きられている限り、まったくきずな（単数）が存在しないよりはましだ。なぜならば、自己はきずな（単数）によって成立し、きずな（単数）がなくなれば、人は屈従状態よりもおそろしい真空状態（無）を生きることになるからだ。人は砂粒として無であるよりは、むしろ同胞と共に奴隷であることのほうを選ぶ」というわけだ。

このような考え方は事実に反する。確かに、自己は何らかのきずなに支えられて存在している。自己ときずなは切っても切れないセットになって存在している。だが、そのさまざまなきずなと自己のセットを単数で考えるのは誤りだ。さまざまな生活環境で、多種多様なきずなと自己のセットが生態学的にせめぎあっているのが、実際の姿だ。そしてあるタイプのきずなと自己のセットが衰退することは、別のタイプのきずなと自己のセットが繁茂することを意味する。重篤《じゅうとく》な精神病でもない限りは、きずなと自己のセットそのものが失われること（真空状態）などありえない。

この世に存在しうるきずなの集合をXとすると、その要素には、たとえば、x_1（カップル）、x_2（家族）、x_3（友人）、x_4（職場）、x_5（学校）、x_6（教団）、x_7（共同体）、x_8（地域）、x_9（民族）、x_{10}（国家）、x_{11}（プロレタリア階級）、x_{12}（個人の心理的あるいは身体感覚的断片間の関係＝内部感覚との関係）、x_{13}（自然との関係）……など、多種多様なものがある。

ところが、ある特定の「よい」きずなx_n（たとえば学校、国家、共同体、民族など）を万人に押しつけようとするx_n主義者は、ありとあらゆるきずなの集合Xのうちの、特定のx_nのきずなを、きずな全般と等値する。そして、たまたま、その特定のx_nのきずなにウェイトを置かなかったり、それ以外のきずなに重点を置いていたりする人たちを、「砂粒のような個人」「根無し草」「孤立化の病理」「アトミズム」などと、きずなそのものが欠損した生を生きる者と決めつける。たとえば、たまたま学校や国家や民族を「愛さない」だけの人を、あたかも、人と人とのあいだで生きること自体をやめてしまった人であるかのように扱う。

それに対して、自由な社会では、人々は、魅力と幸福感に導かれて、さまざまなタイプのきずな（複数）に自己を埋め込んだり、離脱したりする試行錯誤を繰り返しながら、自分にフィットしたきずなを形成していく。自由は、きずなを壊すものではなく、むしろ十人十色のきずなを成長させる条件となる。

生のスタイル

重要なことは、人々がきずなを生きる環境条件が、いかなるものであるか、ということだ。透明な社会では、囲い込みと迫害の淘汰《とうた》圧によって、きずなと自己のスタイルが決定される。それに対して自由な社会では、魅力と幸福感による淘汰によって、ひとりひとりにフィットしたきずなと自己のスタイルが洗練され進化していく（きずなと自己のセットのスタイルを、ここであらためて生のスタイルと呼ぼう）。

自由な社会のインフラストラクチャーによる環境の作用は、単に悪いもの（迫害や囲い込み）を排除する効果があるだけではない。このインフラ条件が可能にする自由な生活環境のなかで、幸福を追求する人々があらたなスタイルを工夫したり、模倣したり、「いっしよにやろう」と誘惑したり、失望して撤退したりする試行錯誤の積み重ねによって、多種多様なきずなと自己のスタイルが生成し、洗練され、繁茂する（試行錯誤的な交錯による生のスタイルの多様化と洗練）。

このことによって、より高く多様な魅力についての基準があらたに生み出され、生のスタイルは、淘汰を重ねていく。淘汰を重ねることで、より選び抜かれたものが残っていく。そのような過程が、生のスタイルにさらに多様化と洗練をもたらしていく。

もちろん、洗練と多様化に限りがないわけではない。魅力と幸福感による淘汰をくぐり抜け続けた馴染《なじ》みの生のスタイルは、「いくたび生まれ変わっても、こういう生き方をしたい」といったものに到達しがちだ。

このように、魅力と幸福感による淘汰は、生のスタイルの選択肢空間をますます複雑で魅力的で贅沢《ぜいたく》なものにしていく。このことは愛や信頼や倫理や快楽やきずなに関する、洗練されたスタイルの享受可能性が増大することを意味する。

自由は、人間の尊厳を支える大切な価値の一つであると同時に、各人にとっての十人十色の高貴さ（それぞれの生のスタイルの完成度の高さ）を可能にする、成長促進的な生態学的環境でもある。

自由のなかで生のスタイルの完成度を高めていくことは、自分に馴染んでいくことでもある。たとえば、自分は何が好きで何が嫌いか、何を愛し何を憎むか、どんなときに幸福でどんなときに不幸か……、といったことがぴたっと身についていて、それに従って動いていると的確に幸福感が湧いてくる——こういう状態を、自分に馴染んでいる状態と呼ぶことができる。自分に馴染んだ生活をしているとき、その人は幸福だ。

自分が感じる魅力や幸福感によって、他者との距離の調節を自由に繰り返すことで、自分(が他者とともにある馴染みの存在様式)がわかってくる。こういう距離の調節の繰り返しは、自分を知る旅のようなものだ。この旅の目的は、自分に馴染むことだ(自分が壊れてわけがわからなくなる「むかつき」は、このメカニズムの失調状態のことだ)。

さらにいうと、自分というものは最初からできあがっているものではなく、こういう自分を知る旅をしながら、発見される瞬間ごとにできあがっていくものだ。

自己形成ときずな形成

確固とした自己ができあがっていない者に自由を与えるのは危険だという論もあるが、逆だ。大人も子どもも確固とした自己などないからこそ、いつも魅力と幸福感を羅針盤とする自由の旅を繰り返しながら、自分に馴染むスタイルの調節をしつづける必要がある。そしてこの調整によって「確かな自己」という虚構を、生きるために必要な虚構として成立させることが可能になる。

特定の共同体や透明な社会を強制されない自由な生活環境であればあるほど、人は安心して、そして思う存分、他者と共に生きる試行錯誤の旅をすることができる。つまり魅力と幸福感に導かれてあちこちフラフラしながら、他者との関係に自己感覚を埋め込む試行錯誤を繰り返す。この、フラフラ自由に動き回ることを「遊動」、自己感覚を関係に埋め込むことを「着床」と本書では呼ぶ。この「遊動」と「着床」によって、それぞれが十人十色の仕方で自分と世界に馴染んでいく。またこのようにして、人は深く自己感覚を埋め込んだきずなをむすぶ能力を獲得していく。このような遊動と着床の積み重ねによって、人は、ひとりひとり固有の自己形成ときずなな形成を遂げるのである。

このような自由の旅において、遊動と着床（自由ときずな）は相克するのではなく、相乗しあう。この相乗するループを〈遊動 - 着床〉と呼ぼう。

多くの人々の〈遊動 - 着床〉の積み重ねから、生活圏はさまざまなきずな（の淘汰や進化の運動）で満たされる。広い生活圏に自生する多様なきずなは、魅力と幸福感によって淘汰され進化する。そして、その淘汰と進化の受益者は、ひとりひとりの人間である。

最後に、行政の役割を指摘しよう。行政は、さまざまなきずなや生のスタイルが、魅力と幸福感によって淘汰され、進化し、多様化する大枠としての、自由な空間を設定したり維持したりする役割を担う。

この大枠のなかで、どのような善《よ》い生やきずなや「人間像」が発生し、展開し、多様化するかは、環境設計者にもわからない。むしろ環境設計者としては、何が「よい」生であるかを追求したり指定したりしてはならない。行政は、さまざまな生のスタイルやきずなのありようが、囲い込みや脅しや不安によってではなく、人々が魅力と幸福感による試行錯誤を繰り返した結果であり、また魅力と幸福感による将来の展開可能性に開かれているのであれば、「それでよし」とする。

このような自由の環境秩序を、細心の注意を払って保持するのが、環境設計者としての行政の仕事だ。たとえば行政は、自由な〈遊動‐着床〉のライフチャンスをすべての人に提供する責任を負う。提供されるべきは、教育ではなく、ライフチャンス（そして、その前提となるセーフティネット）だ。たとえば行政は、街を〈遊動‐着床〉の誘惑空間とする都市計画を行う。さまざまなアクターが、〈遊動‐着床〉のいわば「フェロモン」をまき散らしやすい環境を整備する。

行政がこれらの責任を十分に果たしているかどうかが、選挙の大きな争点になる。行政は、いわばさまざまな生のスタイルやきずなユニットが共存する自由の雑木林（のような不透明な社会）の多様性を守る「エコロジスト」としてちゃんと働いているかどうかを、市民によってチェックされる。市民はその仕事ぶりをチェックしながら、市民運動から選挙による「裁き」にいたる、さまざまな介入を行う。この介入が活発になされなければ、行政はよい仕事をすることができない。自由な社会のための環境設計は、活発な民主主義によって支えられる。

3――中長期的政策――教育制度の根本的な改革を提案する

新しい義務教育

前の節で述べた「自由な社会」についての理論をベースにして、この節では、あらたな教育制度の青写真を提示する（なお、この制度を適用するのは、第二次性徴以降である。第二次性徴以前の乳幼児や小児を対象とする教育制度については、ここでは扱わない）。

図19（223ページ）は、国や地方公共団体がバックアップするタイプの教育の概略である。これを、順を追って説明していこう。

従来の義務教育は、保護者が子に学校教育を受けさせることを義務づけるものであった。この義務規定は、実質的には本人が学校に通う義務となる。さらに学校の卒業があとあらゆる社会的キャリアの前提条件とされるので、学校に行くことは運命的ともいうべき義務になる。

それに対して、新しい義務教育は、強制してでも身につけさせなければならない、生きていくために必要最低限の知識に関して、保護者が子に国家試験をうけさせることを義務づけるものである。

すなわち、新しい義務教育の「義務」は、次の二つに限定される。

①日本社会で生活していくのに必要最低限の知識を習得しているかどうかをチェックする国家試験を子どもに受けさせる保護者の義務。
②国家試験に落ち続けた場合には、後に述べる特殊貨幣、教育バウチャーを消化させる保護者の義務。

子どもに試験を受けさせない場合と、子どもが試験に落ち続けているにもかかわらず教

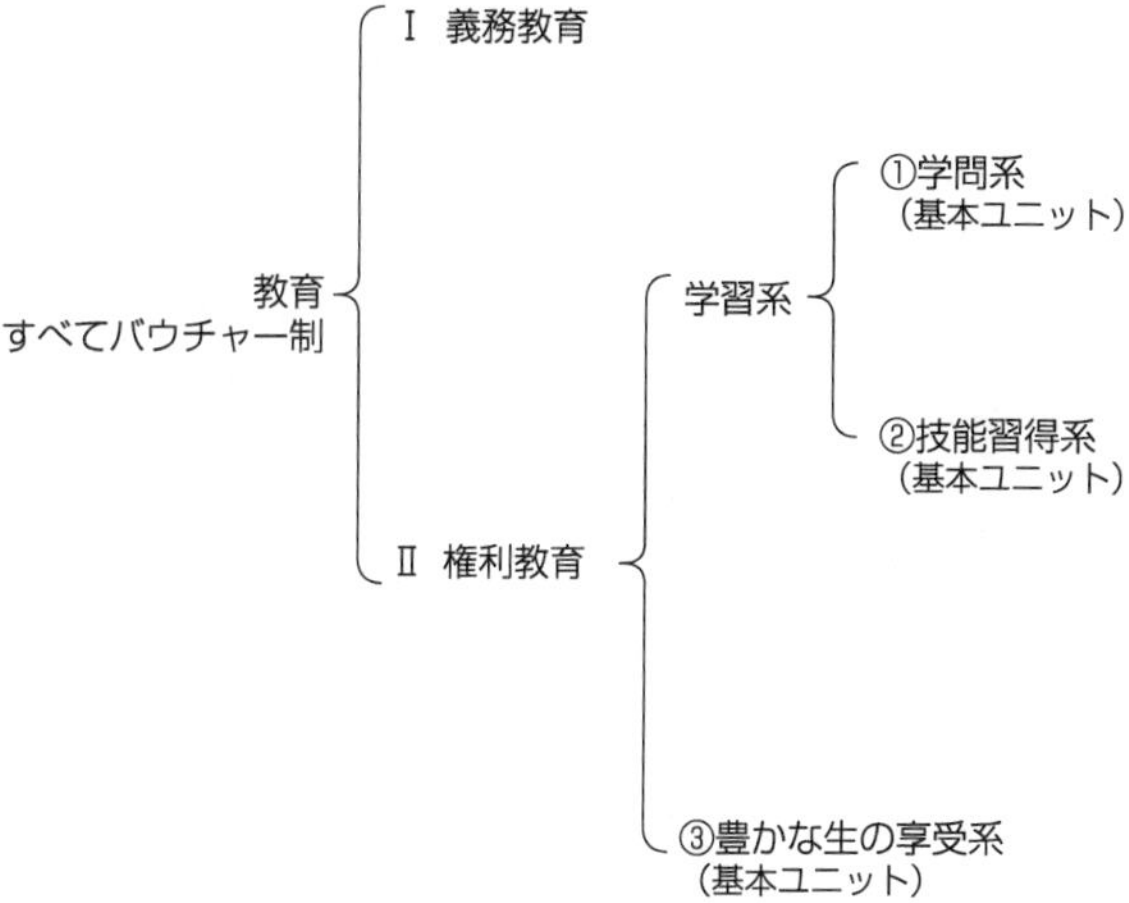

図19　新しい教育制度

育バウチャーを消化しない場合に限って、保護者は処罰される。

上記「必要最低限の知識」の内容は次の三つに限定する。

（a）生活の基盤を維持するのに必要な日本語の読み書き。

（b）お金を使って生活するのに必要な算数。

（c）身を保つために必要な法律と公的機関の利用法。

国は、この三つの内容についての国家試験を行う。

義務教育には、教育バウチャーを用いる。これは、教育用途にだけ用いることができる特殊貨幣である。国や地方公共団体は、人々がさまざまな学習サポート団体や教材を利用するためのバウチャーを人々に配る。

義務教育の内容に関して、どんな勉強のしかたをしようと当人の自由である。バウチャー制のもとで街にはさまざまな学習サポート団体が林立し、さまざまな教材が出回っている。各人はそれらを自由に選択して利用する。

新しい教育政策による義務教育は、現行の義務教育に比して、大幅に規模を縮小したものになる。義務教育は、いくらきれいごとで飾り立てようと、うむを言わさぬ強制であり、そのような強制は必要悪であるから、最小限にとどめなければならない（さらに、強制する内容は、犯罪でも犯さない限りは、学校への身柄の強制収容や強制集団化のような人間の尊厳をくつがえすタイプではなく、試験を受けさせるとか、バウチャーを消化させるといったタイプでなければならない）。

この義務教育の削減を、教育を受ける権利全般の削減であると考えるのは、まちがいだ。

日本国憲法は、老若男女すべての人が、生涯にわたって、能力に応じた教育を受ける権利を有すると謳《うた》っている（第26条第1項）。この教育を受ける権利は、人生初期限定の義務教育を受ける権利とイコールではない。国や地方公共団体は、この憲法に定められた教育を受ける権利のための制度をつくり、整備し、維持する義務を負う。にもかかわらず、政府は、この「すべて国民」が教育を受ける権利を保障する義務を怠ってきた。そして、もっぱら、必要悪である義務教育にばかり重点的に予算を配分してきた。

そのため、すべての人が権利を有し、国や地方公共団体が提供する義務を負うのは、義務教育だけであり、それ以外の教育は、提供されたら「ありがたい」、自分にお金がなければ受けることができなくても「しかたがない」、という間違った社会通念がいきわたった。そして、教育を自由化し、義務教育を削減することは、人々が教育を受ける権利そのものを削減するものであるという、無実の罪がなすりつけられた。逆に、「教育を受ける権利なのだから、なるべくたくさん提供してあげよう（強制してあげよう）」、という押しつけがましい論理によって、本書で述べてきたような学校共同体に強制収容する義務教育が、限りなく肥大化してしまった。

新しい制度がもたらすのは、義務教育の削減とセットになった、権利教育の拡大である。すなわち、義務教育を縮小した分、その何倍も権利教育を拡大する。学校教育から、生涯学習・社会教育への重点移動を、教育を受ける権利の拡大として行う。

教育バウチャー制

権利教育の説明に入る前に、教育バウチャー制についてもう少し説明しよう。先に述べたように、教育バウチャーは教育のみに利用できる特殊貨幣であるが、これには義務教育用と権利教育用の二種類がある。義務教育用バウチャーは、国家試験に合格するまで無制限に与えられる。

教育用の特殊貨幣を、収入の多い人には少なく、収入の少ない人には多く配分すれば、教育に関する機会の平等を確保することができる。しかも学校に児童生徒を強制収容する囚人の平等とちがって、平等と自由が両立する。この収入に逆比例するバウチャー制は、教育の自由化と平等化の相乗効果を経済的に下支えする。親が職を失って貧乏になると若者が高校を中退したり、大学進学をあきらめたりしなければならない現在の残酷な教育制度よりも、新しい制度の方がはるかに平等主義的になる。これが教育バウチャー制による自由な福祉主義である。

各人はどんな学習のしかたをしようと自由である。各人は試行錯誤しながら、自分に馴染んだ学習スタイルをつくりあげる。このような自由な学習者たちのための、さまざまな学習サポート団体が街に林立する。学習者は質のよい団体を自由に選択し、バウチャーをわたす。学習サポート団体はわたされたバウチャーに応じて、国や地方公共団体からお金をもらったり、税金を控除されたりする。

学習サポート市場での技能競争によって、試験に何回も落ち続ける人のための効果的な教授技術や教材が開発される。これは習得能力の低い人には、現在の学校をはるかに超えた質の高いサービスが提供されることを意味する。また（試験に一発で合格しそうな）習得能力の高い人にとっては、何年も無意味に学校のいすに座り続ける拷問から解放されることを意味する。かけ算ができ、漢字やアルファベットまで読める小学生が、朝から夕方まで「あいうえお」とか「2＋3」をやらされる苦痛は、かなりのものだ。

権利教育

権利教育とは、当人が自己の意志によって参加する権利を有する教育である。国や地方公共団体は、この権利を万人に保障するよう義務づけられる。権利教育は生涯学習・社会教育に含める。年齢制限はない。権利教育の対象は子どもから老人までのすべての市民である。また権利教育の場所は、老若男女が交じる市民的な空間となる。権利教育は、さまざまな年齢の人たちが交じりあって対等な市民として交際する市民状態にふさわしいものである。

権利教育は、図19（223ページ）に示したように、いくつかの**基本ユニット**に分けられる。

基本ユニットとは、国や地方公共団体がバックアップする最小単位のことである。これまでの教育制度では、ほぼ独占的に、学校が基本ユニットになってきた。しかし、新しい教育制度では、義務教育にせよ権利教育にせよ、学校を基本ユニットにしない（このことは、後に述べるように、今ある学校のようなタイプの団体の消滅を、かならずしも意味するものではない）。

新しい教育制度では、権利教育を、学習系と、豊かな生の享受系（自由な〈遊動‐着床〉の積み重ねによる自己形成ときずな形成のサポート）とに、大きく二分割する。このことによって、きずな形成はきずな形成として、魅力と幸福感によって自由に享受できるようになる。また、不本意な集団主義に妨害されることなく、ひとりひとりが、自分の能力とペースにそったやりかたで学習できるようになる。

現行の学校制度では、「仲良くする」ことと「まなぶ」ことが強制的に抱き合わせにされている。本書で問題にしてきた残酷な心理‐社会現象の蔓延は、第5章でくわしく論じたように、「まなびの共同体」というやりかたで若い人たちを一日中強制的に「ベタベタ」させる学校共同体主義によるものである。

また現行制度のもとでは、学校で集団生活することが「勉強する」ことであるといった現実感覚が蔓延する。多くの生徒たちは、終日ぼんやりと教室に座っているだけで国語や数学をろくに習得していなくても、「学校で授業を受ける」という集団行動（集団学習）をすることでもって、自分は「勉強をした」と思っている。一日中学校で「授業」を受け、さらに塾に通い、それでも（その結果！）勉強ができないといったありさまは、生徒にされた人たちのあいだでは普通のことである。

彼らは、これまで論じたように強制的な集団生活のなかで無限定的な（どこからどこまでという限りのない）人格支配を受けるだけでなく、さらに、その集団学習（「まなびの共同体」）の反復によって無能の習性を植えつけられる。さらに学校では、努力して数学や国語や英語で優秀な能力を身につけたとしても、「態度が悪い」「協調性に欠ける」とみなされると、酷《ひど》い成績をつけられる。高校へは勉強して行くのではなく、「先生やみんなと仲良くして、人からよく思われて、行かせてもらう」といった感覚すら蔓延する。内申や推薦や情意評価といった制度は、卑屈な精神を涵養《かんよう》し、精神的売春を促進し、さらに課題遂行という点では人間を無能にする（これは短期的な政策の部類にはいるが、内申や推薦や情意評価といった制度は即座に廃止すべきである）。

学問系・技能習得系と豊かな生の享受系

さて、学習系と豊かな生の享受系を分割したうえで、学習系はさらに学問系基本ユニット（学をつける）と技能習得系基本ユニット（手に職をつける）に区分される（図19、223ページ）。

学問系は国家試験、技能習得系は国家試験あるいは業界団体試験によって習得認定がなされる。認定試験は努力を要しキャリアに直結し、向上心を涵養《かんよう》する。

学問系においても、技能習得系においても、どんな学習のしかたをしようと当人の自由である。各人は、街に林立する多種多様な学習サポート団体や、豊富に供給される多種多様な教材を自由に選択する。

学問系にせよ技能習得系にせよ、あらゆる認定試験に共通の原則として、学習サポート業務と資格認定業務を分割することが必要である。この分割によって、教員（学習サポート・サービスを提供する従業員）は、「おまえの運命はおれの評価しだいだ。おれの気分のいいようにしろ。おれのことをないがしろにしたら、どういうことになるかわかっているだろうな」といった、誇大気分の役得をむさぼることができなくなる。内部評価だと、評価する者の「胸三寸」をおしはかる卑屈競争になりかねない。

それだけではない。さまざまな学習サポート団体が多様化しながら豊かに進化するためにも、学習サポート業務と資格認定業務を分割する必要がある。

役所や商工会議所で受ける認定試験に合格するニーズに支えられて、さまざまなスタイルの学習サポート団体が地域に林立し、人々はそれらを自由に選択したり見限ったりする。するとそのような淘汰によって、さまざまな工夫をし、質の高い学習サポートを提供する団体が生き残る。教え方が下手なくせに教員がやたらと威張っていたり、いじめが蔓延したりする団体は見限られて消えていく。こういう淘汰圧によって、学習サポート団体の質は高くなっていく。こういう公正な競争を確保するためにも、学習サポート業務と資格認定業務は分割しなければならない。

次に、豊かな生の享受系を説明する。

豊かな生の享受系は、先ほど述べた〈遊動 - 着床〉の積み重ねによってなしとげられる、ひとりひとりにフィットした自己形成ときずな形成を手助けするものである。〈遊動 - 着床〉すなわち、フラフラ自由に動き回って、めいめいのやりかたで他者との関係に自己感覚を埋め込みながら、それぞれの自己が成長していくことが大事なのである。当然のことながら、豊かな生の享受系には試験はない。キャリアにも無関係である。

本章第2節で述べたように、きずなにはさまざまなタイプがある。また、ひとりひとりがさまざまなきずなと自己を生きるスタイルは複雑であり、把握不能である。行政は「何がよい生き方か」について、一定の方向に導こうとしてはならない。ただ、ひとりひとりのきずな形成と自己形成を、生態学モデルの環境整備によって支援することができる。

行政は、権利教育にアクセスするライフチャンスを万人に提供する義務を有する。すなわち行政は、街を権利教育の誘惑空間と化する都市計画を行い、収入に逆比例するバウチャー配付によって機会の平等を達成する責任を有する。行政は、魅力による淘汰が展開する自由な空間を維持する役割を担う。

従来の押しつけがましい設計主義的な教育は、「望ましい人間像」を設定してそれに近づけるためのコントロールをめざしてきた。これは杉の植林のようなものである。それに対して、**自由な社会のための生態学的な設計主義**は、魅力と幸福感による淘汰と進化と多様化が十分に展開するような生態学的な大枠をつくりあげ、維持しようと努力する。

旧制度から新制度へどうなめらかに移行するか

新制度のもとで権利教育や義務教育を担う多様な団体は、たとえば英語学習サポート団体のように、単独の基本ユニットがそのままひとつの団体であることもあるし、また複数の基本ユニットが結合した団体（基本ユニット抱き合わせ団体）であることもある。

実際に、人々が生活する地域に学習支援団体や市民クラブが林立する姿は、図20のようになる。

たとえば、学習支援団体と市民クラブとが抱き合わせになっているユニット抱き合わせ団体を好む人は、その団体にバウチャーを払って参加することもできる。もちろん、抱き

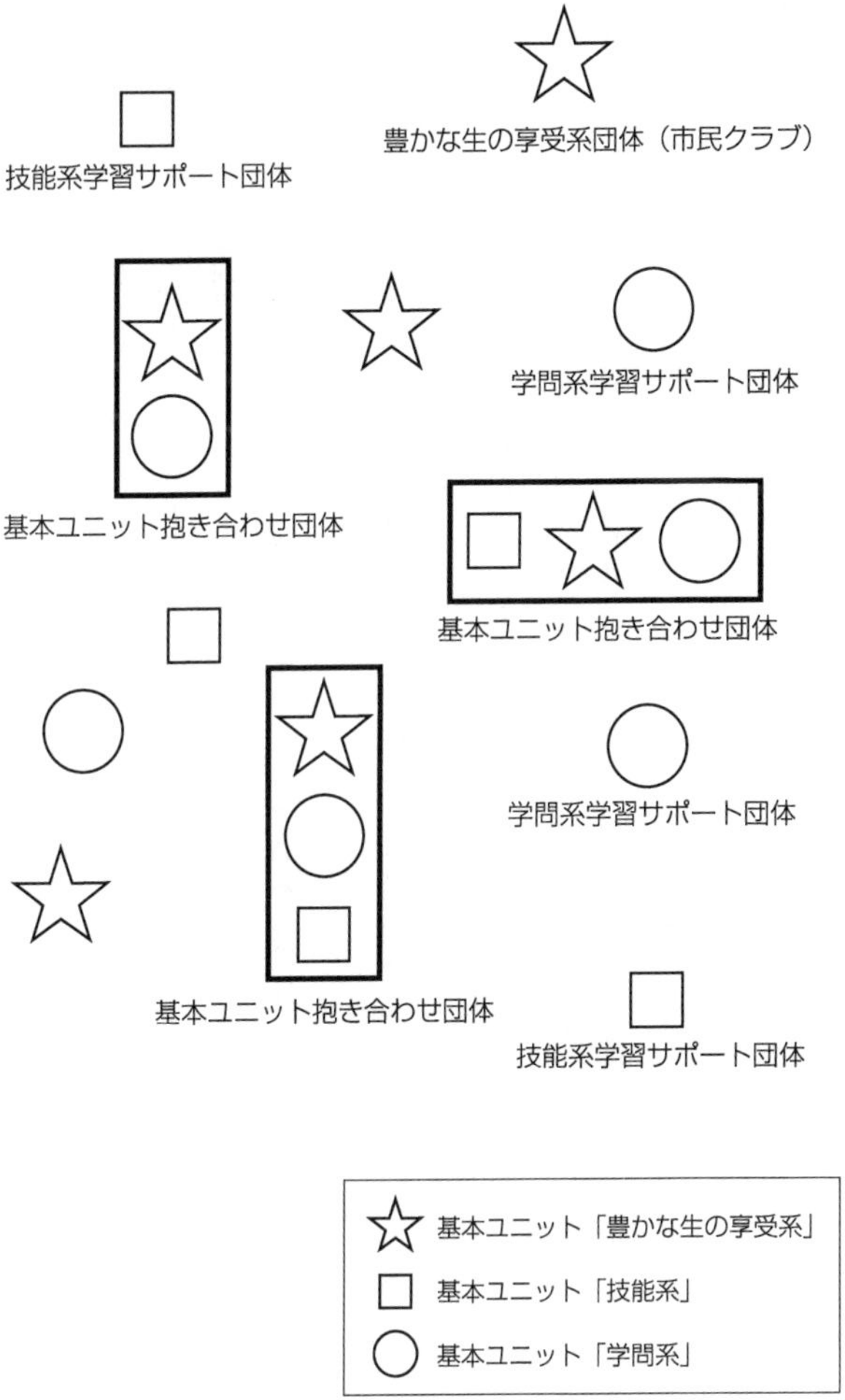

図 20　人々が生活する地域に学習支援団体や市民クラブが林立する姿

合わせを好まない人は、学習支援団体と市民クラブに別々に参加することができる。

学習支援団体と市民クラブを抱き合わせにしたユニット複合団体のうち、現在の学校とほぼ同じサービスを提供する団体が存在してもかまわない（ただし、成績の内部評価は、公的には予備校の模試と同じような意味しかない。キャリアと直結する試験は、国家試験と業界団体試験のみである）。これを旧学校型ユニット抱き合わせ団体と呼ぼう。

従来の学校を愛する人は、旧学校型ユニット抱き合わせ団体にバウチャーを払って参加することもできる。

このように考えると、現在の共同体型の学校生活に慣れていて、それを好む人々は、評価と指導が分離するという点以外では、これまでとまったく同じ学校生活を送ることができる。ただ、選択の自由があるだけである。

さらに、学校共同体を愛する人々にとって、本当に学校共同体を愛する者だけが学校に通うようになり、強制されて泣く泣く共同体をさせられる「奴隷」がいなくなるのだから、自分たちの「理想の共同体」はすばらしいものになる。もちろん、学校共同体が嫌いな人は、奴隷的な境遇から解放される。つまり、学校共同体主義が好きな人にも、嫌いな人にも、双方にとって利益になる。

「学校的」であろうと、「学校的」でなかろうと、さまざまな団体は、人々が好み、選択する限りにおいて存続する。

さまざまなタイプの団体は、人々が選択すれば数が増え、選択しなければ数が減るので、人々のニーズに合った分布に近づいていく。人々が何をどのくらい欲しているかは、人々の選択によって、おのずから明らかになり、それに応じた供給がなされるのである。

制度を変えた直後は、ほぼ八割の人が旧学校型ユニット抱き合わせ団体を選択するかもしれない。それは、それでかまわない。その一〇年後に四割になっているかもしれないし、あるいは、あいかわらず八割であるかもしれない。それもどちらでもかまわない。大切なことは、人々がどういう生のスタイルを生きるべきかということではなく、魅力と幸福感を指針とする試行錯誤の結果に応じた生のスタイルを生きやすい生活環境が、用意されていることである。これが「生きやすい社会」なのである。

コラム3

利害図式と全能図式

本書でここまで述べたことを用いて、残酷な心理社会的な秩序を蔓延させないようにするための有益な制度・政策的な基本原則を導き出すことができる。

これは、たとえば、部族や民兵や利権グループのだましあい、殺しあい、利権獲得競争が、同時に、宗教的あるいは民族的な情熱の「純粋」な発露でもある紛争の分析にも、大きな威力を発揮するだろう。

一般に、全能気分（ありとあらゆるタイプを含む）の追求にふける者の人口比率は図21のようになる。

利害図式と全能図式をうまく（技能的に）接合して生きている者、たとえば「損得ずくで悪ノリする」者の人口は、利害図式と全能図式を技能的に接合する傾向の小さい者、たとえば損得を考えずに「悪ノリ」する者の人口よりも、圧倒的に多い。たとえば、他人をなぶり殺しにして楽しむ者は、平時にはきわめて少なく、民族紛争時に多い。また、無法な学校共同体でいじめにふける者も、法のもとでやすらう市民社会においては、内的モードが切り替わっており、中学時代のようないじめをしようという気にすらならないものである。

太古から現代にいたる人間社会をながめ、これまでに述べてきた理論をもとに、次のよ

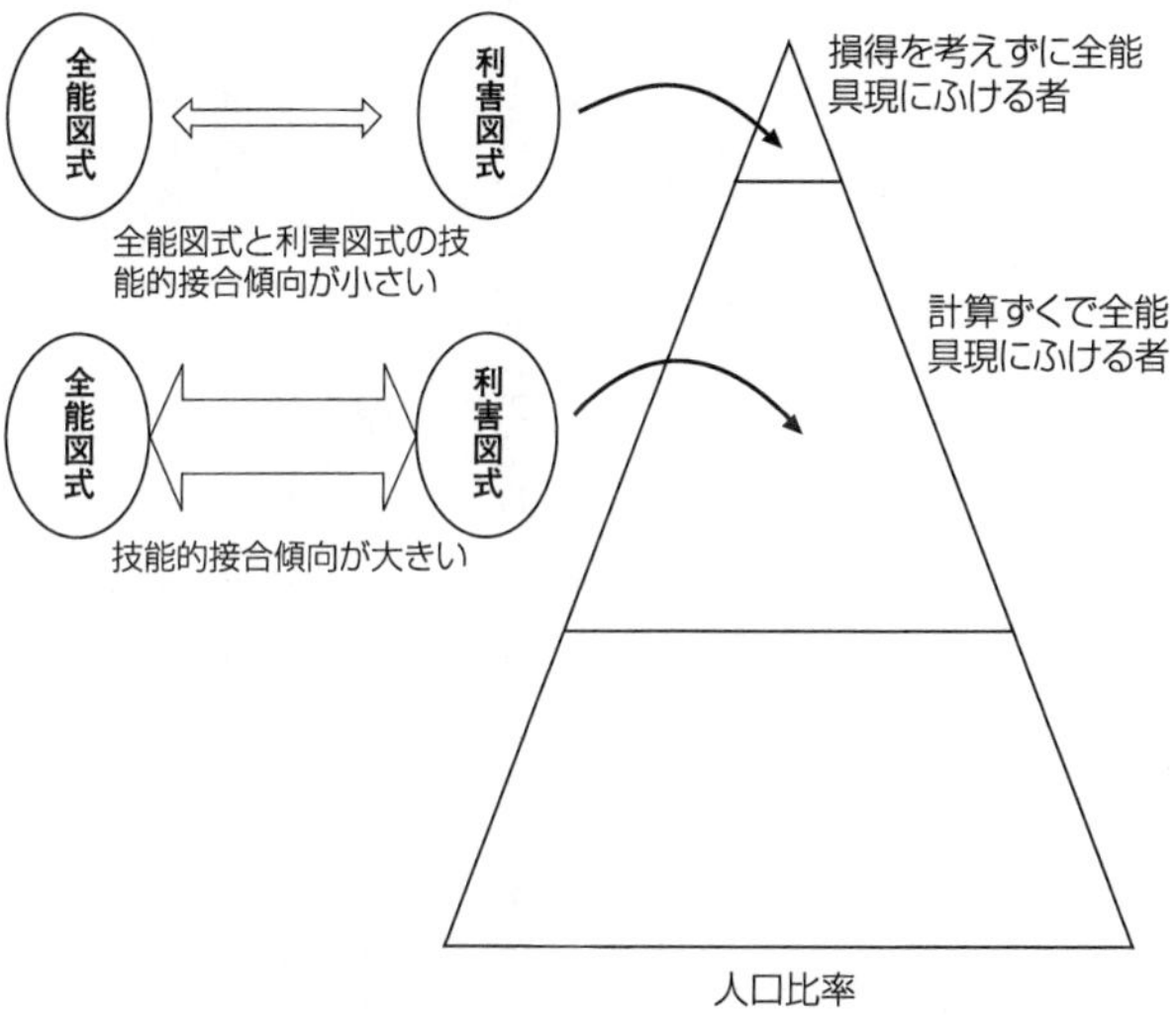

図 21　全能具現にふける者の人口比率

うに考えられないだろうか。
利害構造と全能図式（特に他者コントロールの全能）が一致していると思われるところでは、利害と全能の相互増幅的な共形成によって、ひどいいじめ、暴力、つるし上げ、リンチ、略奪、殺害、ジェノサイドなどの危険な「悪ノリ」が蔓延し、エスカレートする危険性が大きいと考えることができる。それに対して利害図式と全能図式が一致していない社会状態では、少なくとも「悪ノリ」がエスカレートする危険性は少ないと考えることができる。

利害図式と全能図式の接合点（すりあわせ面）をピンポイントで狙って、制度・政策的に一致しないようにする政策によって、（いじめからジェノサイドにいたる）世界にはびこる残酷な心理‐社会的な秩序を、確実に減少させることができるのではないだろうか。

たとえば次のような古今東西の事例は、この説を強烈に支持している。

①魔女狩りは狂騒的なお祭り騒ぎであると同時に、効率のよい金儲けの手段でもあった。
②日本ではしばしば、学校の暴行教員は、非暴力的な教員よりも「指導力」が認められて、教頭や校長への出世に有利である。
③戦時中の軍部では、非現実的な主張で気迫を示す演技が仲間内での立場を安泰にし、臆病者というレッテルを貼られたら自殺を強要されることすらあった。

④いじめが蔓延する教室で、キレる実演は自分の立場を有利にする。
⑤文化大革命時の中国では「悪ノリ」することが同時に保身の術でもあった。
⑥民族的憎悪や宗教的憎悪の盛り上がりによる殺戮というかたちをとる紛争は、じつは、さまざまな有力グループによる「合理的」な利権獲得競争の延長でもあった。国際社会が前もって利害構造をコントロールしていれば、これほど残酷なことは起きなかったはずである。

第7章　中間集団全体主義

全体主義とは

本書では、学校のいじめを「モデル現象」として分析し、そこから人間が人間にとって怪物になる心理－社会的な秩序化のメカニズムを論じてきた。本書の最後に、その議論の展開のひとつとして、新しいタイプの全体主義の概念について考えたい。それは「中間集団全体主義」という概念である。

全体主義（totalitarianism）という概念は時代の要請とともに姿を変えながら、実践的に用いられてきた。

全体主義の核心は、個に対する全体の、人間存在の深部《ふかいところ》にまでいたる圧倒的優位である。そのうえで、その優位を成立させる制度・政策的な道具立て（たとえば一党独裁や秘密警察やしつこいイベント動員など）が問題になる。

この全体の圧倒的優位は、個の存在様式《ありかた》に対する余儀ない浸透性（貫通性）の深さによって示される。ファシズム、ナチズム、スターリニズム、戦中の天皇教日本国家主義などの国家全体主義と単なる独裁とを分けるメルクマールは、ひとりひとりの人間存在を変更する集合的イベントへの動員が、日常生活を覆い尽くす度合いである。あるいは国家によって無理強いされる、距離をゆるさぬ「根がらみに生きる」様式のきめ細かさである。

ここで注意したいのは、全体主義は単なる独裁とは異なる、ということだ。独裁国家なら、現在でも世界にあふれている。このような国では、非公式の暴力組織や秘密警察があり、政権に逆らう者は投獄されたり殺されたりする。だがそれだけであれば、多くの人々は政治に関心を持とうとせず、人生のそれ以外の面によろこびを見出そうとするだろう。「お上に逆らいさえしなければよい」のである。かつての南米諸国のように国家が独裁者に支配されていても、人々が日常生活のなかで「国家的共通善」への献身に動員される傾向が少ない場合は、独裁国家であっても全体主義社会ではない。

つまり、全体主義は単なる外形的な服従にとどまらず、人間存在の根底からの、全人的なコミットを人々に無理強いする。

さて、理論的には全体主義の「全体」に何を代入してもよい。

従来の全体主義概念は、ナチズムとスターリニズムの衝撃に応じて生まれたといういきさつから、「全体」の位置に国家が代入されている。ナチズムや天皇教国家主義といった右翼全体主義にしても、旧ソ連や北朝鮮といった左翼全体主義にしても、全体主義はまずもって国家の全体主義であり、国家の悪として問題にされた。これを国家全体主義と呼ぼう。

国家全体主義によれば、個人は、個を超えたより上位の集合的生命である国家の側から、自己が何者であるかを知らされるようなやりかたで生かされ、国家に献身する限りにおいて個人の生は生きるに値するものになる。国家全体主義はこの基本価値と、それを人々に押しつける独裁的な統治機構から成っている。天皇教国家主義もスターリニズムもナチズムも、国体とか共産主義とかゲルマン民族共同体といった国家の共通善に献身する行《ぎょう》として、人々の日常生活を細かく野蛮なイベントに埋め込んでいった。

中間集団としての隣組制度

このような国家悪としての全体主義に対して防波堤になるのが中間集団だと言われてきた。自治や共同といった概念は、戦前の国体や皇室と同様、無条件に肯定されがちだった。われわれは団結し、自治の空間を築きあげ、それを砦《とりで》として全体主義あるいは国家悪とたたかわねばならない、というわけだ。これは、社会・思想系の書に親しむ者なら一度は耳にしたせりふである。だがこの紋切り型はうたがわしい。

ナチス・ドイツや天皇教日本帝国や社会主義国家群は、一見中間集団を破壊し、巨大な国家と「砂粒」のような個人との二極構造のもとで強大な支配を行ったかのようにイメージされがちであるが、実際には違う。

これらの全体主義社会では、中間集団が個人に対して過度な自治と参加を要求する。そして個人に対して徹底的な締めつけを行う。たとえばかつての天皇教国家主義を考える場合、次の二つの側面の両方を視野に入れなければならない。

①全体主義国家による人々への圧制的支配の側面。

②自治と共同を煽《あお》り立てる制度・政策的な環境条件のもとで、民衆が、「われわれ」の共同性あるいは共通善から離れているように思われる（あるいはそういうものとしてターゲットにされた）隣人をつるしあげ、ひどい場合には血祭りにあげる側面。

たとえば戦時中には、地域コミュニティの自治と共同の過酷な強制が行われた。生活物資の分配や労働力の提供といった基本的な機能まで、そのかなりの部分が市場から地域コミュニティに担われるようになった。

これが隣組制度だ。

戦時中に近隣関係《コミュニティ》が組織化され、さまざまなイベントとともに「公」に献身する共同体的様式が強制されたとき、いままで潜在化していた妬《ねた》みや悪意が解き放たれた。適度に物象化された市場と法に隔てられて、各自が適度な距離をおきながら私的な幸福を追求していたころには、けっして起こらなかったようないじめが頻発した。

死に追いやられた母

たとえば、ある六一歳（当時）の女性は、母親が、隣組の防空演習や行事でいじめられ、死に追いやられた体験を、新聞に投稿している。

【事例18・近所の人たちが狼に】

「父が英字新聞を読んでいたり、娘二人がミッション系の私立女学校に通っていることが、かっこうの口実にされたのでしょう。子供を産んだばかりの母なのに、水を入れたバケツを持ってはしごを登らされ、町内のおじさんに怒鳴られながら、何度も何度も屋根に水をかけていました。もともと心臓が弱かった母は、その秋、十五日間ほど床に伏し、あっという間に亡くなりました。（中略）防空演習で普通のおじさんが、急にいばりだしたり、在郷軍人が突然、権力を振るいだし、母が理由もなく怒鳴られているのを見て、非常に不愉快でした。私は昔を思い出させる回覧板が嫌いです。白い割烹着《かっぽうぎ》を見ると身震いがします。命令口調の濁声《だみごえ》のおじさんは、もっと嫌いです。ニコニコ愛想いいお店のおじさんを見ても「いつ、あのころのように変わるか知れない」と、いまだに心を開くことが出来ません」

（「朝日新聞」一九九一年一二月二日付）

この投稿者は、結局空襲で家を焼かれて、一家離散の憂き目をみた。彼女の身には、上からは国家の爆弾が、横から隣組の「われわれ」が襲いかかってきた。

上記事例が示唆するように、全体主義のさまざまな側面のうち、次の二つの側面を視野に入れる必要がある。

①空襲やアウシュビッツや特高（特別高等警察）のように国家が個人を直接圧殺する側面。
②「われわれ」が響きあう共生への強制的な献身要求、そしてこの献身を自己のアイデンティティとして共に生きる「こころ」の強制、さらに「われわれ」の共生を離れたプライベートな自由や幸福追求への憎悪、といったものが草の根的に沸騰《ふっとう》する共同体的専制の側面。

戦争や革命や民族紛争のさなか、あるいは職場や学校や地域が共同体化されるとき、かなりの人々が、次のように悪ノリし、響きあって生きる。

「パーマネントはやめませう！」

「おまえはこの非常時に女と歩いておったな、国賊め！」
「けしからん、けしからん、けしからん、けしからん、うらやましい、けしからん！」
「御国《おくに》のために一致団結というので距離が近くなってはじめてわかった。おれたちとまともにつき合いもせず距離をおいて、おれたちより楽しそうに暮らしていた、おまえたちが憎かった。今がチャンスだ、やってやる。ざまあみろ！」

右の投書の母親は、この「今がチャンスだ、やってやる。ざまあみろ！」でやられてしまった。

適度に物象化された市場と法によって、個人が距離を調節する自由が保証されている市民社会では、彼らもそれなりに善良な人たちだ。だが市民状態を超えようとする共同体や諸関係のアンサンブルが運命として降ってくるとき、彼らは一変する。「ニコニコ愛想いいお店のおじさん」が狼に変身する。

文化大革命

ところで隣人が狼になる全体主義の過酷さは、わが国の天皇教国家主義と同様に、たとえば、中国の文化大革命にもその典型例をみることができる。人民による理想の自治と共同を（人民に強制してでも）めざす社会主義圏（とくに共産主義イデオロギーが十分に形骸化していない時期）では、あらゆる日常生活は革命の大義に献身するための「われわれ」に埋め込まれていなければならなかった。人々の生活は、他人の人間存在がその「われわれ」に埋め込まれているかどうかを自発的に監視する「隣人＝狼」の群れに迫害される不安に満ちていた。中国の文化大革命では、プライベートな人間関係が、同時に「われわれ」の密告や告発やつるしあげの可能性に満ちたものになり、「友だちを信じる」ことができなくなった。文革を経験した人々は、こんなふうに強いられた共同性を語る。

【事例19・中国の文化大革命】

「だれかが批判されていれば、罪状がでたらめでも、民衆の声に合わせて、人一倍大きな声で怒鳴った。（中略）文革を経て、私はずるがしこくなった」

（「朝日新聞」一九九五年一月八日付）

「中国人は一生仮面をかぶって暮らす。（中略）状況に応じて、その場にぴったり合った仮面をつけ、その役柄を演じるジェスチャーゲームに参加するのだ。（中略）仮面が顔をこすり続けるので、そのうち（中略）素顔はのっぺらぼうになっている。役柄は（中略）演技している者に取りつき始める。そのうち、他人の前で実にもっともらしくセリフが言えるようになるので、自分でも本心を言っているつもりになってしまう。仮面と役柄について知るべきことをすべて知ってしまうと、本能的に相手を怪しむことになる。あの笑いの裏にどんな偽りがあるのか？　あのお世辞の裏に何が潜んでいるのか？（中略）こんな具合にみな張りつめた不安な人生を送っている」

（ベティ・パオ・ロード『中国の悲しい遺産』草思社）

「仮面が顔をこすり続けるので、（中略）素顔はのっぺらぼうになっている」「役柄は（中略）演技している者に取りつき始める」という表現は、**個の存在様式に対する余儀ない浸透性**（貫通性）という全体主義のエッセンスをみごとに言いあらわしている。

大日本少年団でのいじめ

戦時中の日本では、町会ごとの分団、さらに隣組ごとの班といった単位で若い人たちに自治と共同を強制する大日本少年団が制定された。すると、もともと学校制度のもとで蔓延しがちないじめが何倍にもエスカレートし、さらに疎開などで共同生活をするようになるといじめは地獄の様相を呈した。

精神科医の中井久夫は、自分が大日本少年団で酷いいじめを受けた体験をエッセイに綴っている（中井久夫「いじめの政治学」『アリアドネからの糸』みすず書房）。そこには、暴君ともいうべきリーダーを中心とした自治的な世界ができあがっていた。空襲でいそがしくなると残酷な「子ども」集団とのつきあいが減るので、空襲は少年にとってちょっとした解放の意味をもっていた。終戦を迎え、大日本少年団がなくなったときのことを書いた次の一文は、重要なポイントを的確に示している。

「小権力者は社会が変わると別人のように卑屈な人間に生まれ変わった」

希望の論理

今までこの種のエピソードは、状況次第で人が変わってしまうのが情けない、といった解釈で受けとられ、人間存在の醜怪さについての問いが反芻《はんすう》されてきた。

しかし筆者は、このような豹変を希望の論理として受けとめる。適切に制度・政策的な環境条件を変更すると、小権力者が卑屈な人間に生まれ変わり、いばりちらしていたのがニコニコ愛想いい近所のおじさんになる。結果として、多くの人々が「隣人＝狼」の群れから被害を受けずにすむようになるのである。

大切なことは、群れた隣人たちが狼になるメカニズムを研究し、そのうえでこのメカニズムを阻害するような制度・政策的設計を行うことだ。このような政策を、学校、地域、職場組織、民族紛争地域といったあらゆる領域で実施することで、多くの人々が共同体的専制から救われる。共同体的専制にたちむかうには、これまでの国家全体主義の理解だけでは不十分であり、強調点を国家と個人の間にある領域にシフトさせたあらたな全体主義概念が必要になる。

筆者はこの要請にこたえ、中間集団全体主義という概念を提出する。それは、従来の国家全体主義と背反するのではなく、重ね合わせて用いることができる。説明しよう。

①個の存在様式に対する「全体」の圧倒的な優位と浸透性(貫通性)、②人々がそのようなしかたで「全体」に埋め込まれることを余儀なくさせる社会体制、という全体主義概念のコアは、そのまま中間集団全体主義にもあてはまる。

しかし中間集団全体主義は、単純に全体主義概念の「全体」に中間集団を代入しただけのものではない。

たまたま自分が生まれた国がナチス支配下にある場合、その人は全体主義国家の中にいるといえる。だが、たまたま入学した学校や就職した会社や配属された部署が、生徒や社員の外見や態度から感情にいたる広範な存在様式を無理強いする傾向にあった場合、それだけでは中間集団全体主義とはいえない。どんな社会にも変わった集団はある。彼（彼女）は、変わった集団を離れてもっと「まとも」な集団に移ればよい。またはその不当性や被った損害を公共領域に訴えればよい。

ちょうど国家全体主義が、その基本価値を実現するのに一党独裁とか法を超越した暴力装置といった道具だてを必要としたように、中間集団全体主義もその繁茂のための制度・政策的な環境条件を必要とする。

そこで筆者は中間集団全体主義を次のように定義する。

各人の人間存在が共同体を強いる集団や組織に全的に（頭のてっぺんから爪先まで）埋め込まれざるをえない強制傾向が、ある制度・政策的環境条件のもとで構造的に社会に繁茂し、金太郎飴の断面のように社会に遍在している場合に、その社会を中間集団全体主義社会という。

さらに、これを、本書第5章（182ページ）で提出した秩序の生態学モデルを用いて定義すると、次のようになる。

中間集団全体主義とは、図17（186ページ）のように、制度・政策的なマクロ環境に支えられて、**群生秩序**の優位が決定的になり、その圧倒的な作用が社会のすみずみに蔓延することである。

高度成長・社畜・中間集団共同体

さて、わが国における金太郎飴の断面の絵柄は、一昔前には社会に遍在する天皇制と呼ばれていた。ありとあらゆる中間領域で天皇制の面影が刻印されているというのである。それは文字通り社会の隅々に天皇がいるというのではなく、「あたかも天皇制のような」と感じられる形態的同一性《ねっこのかたち》が、金太郎飴の絵柄のように社会に遍在しているとされた。

この絵柄は現在では変更されている。天皇の位置に学校や教育がいすわった。社会の隅々に強迫的な教育圧力、あるいはこころや態度を問題にして教育をねじこむ強制力ときめ細かさがはびこり、ありとあらゆる学校でない集団にも「あたかも学校共同体のような」スタイルが蔓延した。

最近は衰退のきざしがみえるが、日本の会社や職場組織には、家族ごと従業員の全生活を囲い込み、生活のすみずみまで隷従を強いる傾向があった。企業は従業員を学童のように扱ったり、プライバシーに深く立ち入った「生活指導」をしたりした。また家族が会社に隷属する社宅での生活は異様なものだった（木下律子『妻たちの企業戦争』社会思想社）。社畜という言葉がはやったのは、それほど昔のことではない。

こういったことは、たまたま運悪くひどい職場に勤めたから起こる、といったことではない。日本社会の特殊な制度・政策的環境条件下で、このような会社や職場組織が構造的に大繁殖したのである。

法哲学者の井上達夫は、戦後日本社会について『現代の貧困』（岩波書店）で次のように論じている。日本社会は高度産業資本主義に共同体的な組織編成原理を埋め込んで、経済成長を続けてきた。国家は中間集団の集合的利益の保護や調整のために介入することには積極的だったが、中間集団内部の共同体的専制から個人を保護するために介入する仕事をしようとはしなかった。日本の統治原理上、中間集団共同体から個人を保護する目的では、意図的に法が働かないようにされた。その結果、中間集団共同体は利権に関しては国家に強く依存していても、集団内部の個人に対して非法的な制裁を実効的に加えることができ、内部秩序維持に関してはきわめて強い自律性を有することになった。中間集団共同体は従業員に対する人格変造的な「教育」「しつけ」を好き放題に行うことができ、従業員の人格的隷従を前提として、組織運営を行うことができた。

社畜化ともいうべき悲惨な人格的隷属のひとつひとつは、こと細かく政府によって計画されたものではなかったかもしれないが、ある一定の制度・政策的条件のもとで社会に繁茂し、これを政府は放置した。

もちろん日本は、国家というレベルで考えると、言論の自由が保障されており、複数政党制の民主的な選挙が行われている先進国である。

しかしここで、国家全体主義の旧ソ連の労働者と、中間集団全体主義の日本の会社員とを比較してみて、どちらの人間存在がトータルに全体に隷属しているだろうか。社畜コミュニタリアンのきめ細かい忠誠競争やアイデンティティ収奪のほうが、クレムリンのビッグブラザーよりも、はるかに深く、市民的自由を奪い、肉体と魂を強制的に全体に埋め込むことに成功しているのかもしれない。

昭和初期から敗戦までの日本社会は、国家全体主義も中間集団全体主義もきわめて強かった。一方、戦後日本社会は、国家全体主義がおおむね弱体化したにもかかわらず、学校と会社を媒介して中間集団全体主義が受け継がれて肥大化し、人々の生活を隅から隅まで覆い尽くした社会であった。いわば学校や会社を容れ物にして、国体が護持されてきたのである。

全体主義を整理すると、図22のようになる。国家全体主義を縦糸、中間集団全体主義を横糸とすると、その組み合わせから四つの場合を考えることができる（この縦糸と横糸は補

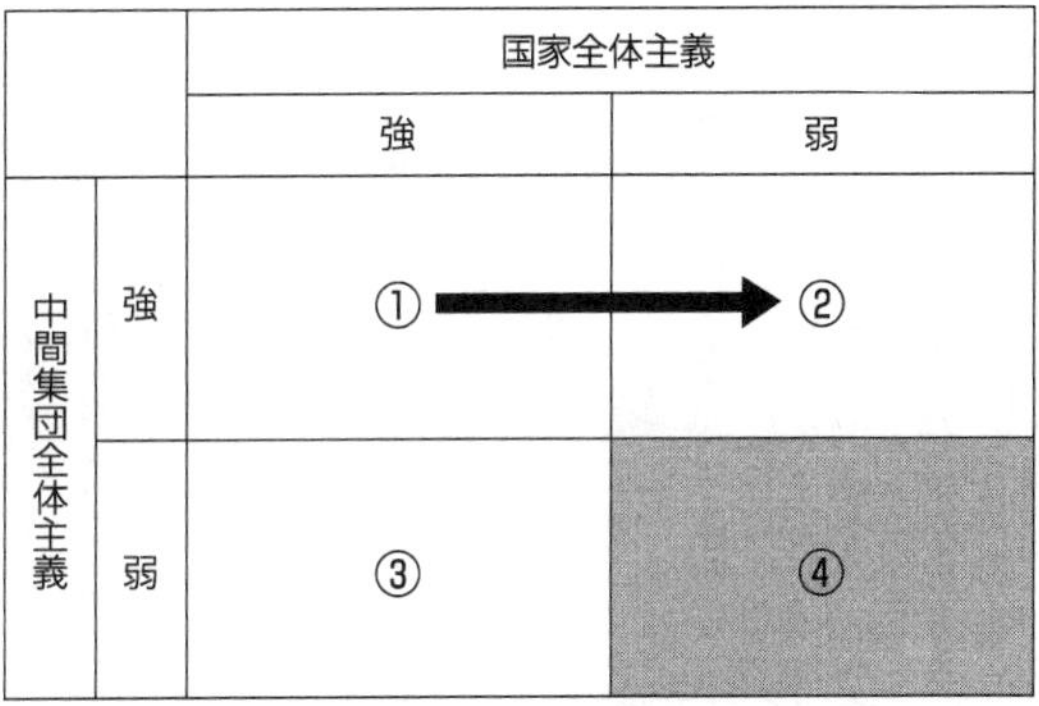

①国家全体主義と中間集団全体主義が、両方とも強い
②国家全体主義が（相対的に）弱く、中間集団全体主義が（相対的に）強い
③国家全体主義が（相対的に）強く、中間集団全体主義が（相対的に）弱い
④自由な社会

図22　全体主義

強しあっているが、その強弱は相対的に考えることができる）。

日本社会は、図22中の矢印が示すように、戦中から戦後にかけ、①から②のタイプに変わった。現在、この中間集団全体主義が厳しく問われている。

現代日本と一七世紀のアメリカ

国家全体主義が希薄で中間集団全体主義が熾烈《しれつ》なタイプの社会（図22の②型社会）は、日本に特有というわけではない。たとえばアメリカンマインドの源流といわれる初期アメリカの地域コミュニティは、多数者の暴虐（tyranny of the majority）に満ちた、苛烈《むちゃくちゃ》な②型の中間集団全体主義を呈していた。

後に理想化されがちな「父祖のアメリカ」では、中央集権的な権力はきわめて希薄で、民主的な自治の精神に貫かれており、ピューリタン的共通善をいただく「われわれ」の圧制によって、個人の自由はほとんど存在の余地を与えられなかった。

一九世紀の政治学者A・トクヴィルは一七世紀の事例をひきあいに出しながら、「民主的」なアメリカの共同体生活を次のように描く。

【事例20・アメリカの民主主義】

A・トクヴィルは次のように述べている。

瀆神《とくしん》、魔法、強姦、親に暴行する子、そして配偶者以外との性交渉をする者は死刑となった。怠惰と酒酔いは厳罰に処せられた。他の宗教はもちろんのこと、他の教派(たとえばクエーカー教やカソリック)を公然と信奉する者は、鞭打《むちう》ち、投獄、追放、死刑の憂《う》き目をみた。教会で礼拝することが、罰金でもって強制された。婚前交渉を行った者は、鞭打ちのうえ結婚を命令された。

「なお看過されてはならないことは、これらの奇怪なまたは圧制的な法律が上からの権力によって強制されたものではなく、すべての関係当事者たちの自由な同意によって投票されたものであり、風習の方が法律よりもはるかにきびしくピューリタン的であったということである。一六四九年には長髪の浮薄な流行を防止する目的で、厳粛な団体がボストンに形成されている」

（A・トクヴィル『アメリカの民主政治』〔上〕講談社学術文庫より）

右のような一七世紀アメリカについての記述は、現代日本のわれわれに、「みんなのきまり」を学級会で決めさせられ、それに違反すると反省の身振りをしつこく強要された小学校時代を思い出させる。この「集団自治訓練」は、前期近代の野蛮な直接民主主義の理想を、後期近代の子どもに強制するものである。

一九九〇年六月に宇都宮市のある小学校で開かれた学級会は、次のようなものだった。

【事例21・三九対一の学級会】

「土曜日の通常の学級会の時間に、日ごろからクラスで孤立しがちだったA子さん（当時一一歳）の日ごろの言動に対して、問題点を他の児童三九人がひとつずつ挙げていき、黒板に書き出した。A子さんはこの日学校を休んでいた。

列記された内容は『暴力的』『差別する』『男好き』『怒る』『わがまま』『弱い者いじめ』『人のものを取る』など三〇項目にも上った。『A子さんの登校する月曜日まで残そう』と担任が発案して週明けまで書き残し、月曜日の午前中、通常授業の三時間を使ってA子さんと他の児童で三九対一の『話し合い』が行われた。
児童二人が議長になり、担任が『意味の分からないことは質問しなさい』とA子さんに指示。『〃男好き〃って何ですか』と尋ねたA子さんに、『男子児童には甘い』といった趣旨の発言のやり取りなどがあった、という。クラスの総意として三十数項目すべてを『直してほしい』ということになったが、『いっぺんに直すのは無理だからひとつずつ直したらどうだ』と担任がその場を結んだ
親は学校に抗議したが、「あれはクラスの話し合いだ」とする担任と主張がかみ合わなかった。児童は精神的ショックを受け、神経性胃炎になるなどして登校できなくなり、転校した。
（「下野新聞」一九九〇年九月二三日付）

一七世紀アメリカの民主主義も、一九九〇年代の日本の学級会も、典型的な多数者の暴虐の場になっている。これらは、日本やアメリカに特殊（日本的あるいはアメリカ的）なものではなく、一定の環境条件下であればどこでも蔓延しうる普遍的な現象である。

ローカルな秩序をこえて自由な社会へ

中間集団全体主義社会において、人々を直接的に苦しめる主要な力は、国家権力や市場の貧困化力というよりも、「生活の細部にまで浸透し、霊魂そのものを奴隷化する」(J・S・ミル) ローカルな秩序の作用である。つまり、身近な関係のなかで起こる迫害やそれに対する不安、さらには自分自身を嫌悪してしまいそうなしかたで自分を変えてしまう場の変形力といったものだ。

たとえば、群れを生きる中学生たちによくみられる情景は次のようなものだ。

みんなが「あの人、ムカツクね」と言って盛り上がっていると、自分ひとりではそんな気持ちにならないのに、それが「うつって」しまって内側から意地悪な気持ちになってしまう。それは勢いづくととまらない。ひとりになるとそういう自分が嫌になることもある(【事例6・何かそれ、うつっちゃうんです】57ページ)。

このような、内側から自分を変えてしまう場の変形力が、自己構成的な(自己が自己である仕方まで、当人のコントロールが及ばないところで、いつのまにかつくりあげられかねない)中間集団共同体にはある。

「貧しさに負けた、いえ、世間に負けた」というときの「世間」とは、このような場の変形力をもって内側から個を侵食する作用が脅威としてあらわれる社会なのである(図3、59ページ)。

この侵食作用は、自分に対する不信感や嫌悪感や無力感や、場のなりゆきに対峙する自己であることへのなげやりさを蓄積させる。自己信頼が希薄な「しめやかな激情」は、みんなのノリとして形成されやすく、桜吹雪のように降りそそぐ集団の迫害性を再生産する。

コイツと自分との関係で本当にコイツが憎いという根拠のある自分を信じてもいないけど、とりあえず自分もいろいろ嫌な目にあってたまらない気分だから、その場のノリでムカついてどうしようもなくなったから、コイツをネタにしてなりゆきまかせだ。自分の一貫性を信じることはできないけど、是非もなく「いま・ここ」をみんなで生きる。この「いま・ここ」の主人は自己ではなく、受苦の共同体に沸き立つ場のノリである。

必要なことは、このような社会に名前を与える（中間集団全体主義社会！）ことと、このような社会に生きる人々の構造的な苦しみの諸相を明るみに出すこと、である。そして、この全体主義の苦しみに着目したやりかたで、自由な社会の構想を描き、社会変革へとつなげることである。

おわりに

本書を通読した後に、もう一度「はじめに」に目を通していただきたい。書かれている部分、すなわち「モデル現象」としての学校のいじめに重ね合わせながら、まだ書かれていない二つめの仕事、すなわち大人のいじめ（あるいは構造的な加虐迫害）の問題が立ち上がってくる。

本書で提出する理論は、さまざまな現象に適用することができる。それは、学校のいじめに限定されるものではない。それは、家族、職場、軍隊、部族、収容所、ギャング、宗教団体、民族紛争地域、地域コミュニティなどあらゆる場所で生じる、人間が人間にとって怪物になる現象を説明するものである。またそれは、人類の歴史上のあらゆる時代、あらゆる地域にあてはまる普遍的な現象である。

読者のなかには、学校で嫌な思いをした方もおられるだろう。それは、目撃体験を含めれば、ほとんどの人の経験かもしれない。この、わたしたちの共通の痛みの経験を出発点にして、もっとおそろしい大人の普遍的な現象を理解し、それにストップをかけるための方策を練ることが、本書の二つめの目標である。

人類は、いつの時代にも残酷なことを繰り返してきた。それは、いつの時代にも人が癌になってきたのと同じことである。しかし、わたしたちは、初期の癌を発見し治療する理論と方法をつくりだした。それと同様、人間が人間にとって怪物になるメカニズムを発見し、それを抑止する方法をつくりだすこともできるはずだ。筆者はそのための第一歩として、本書を書いた。

二一世紀の人類社会が、人間にやさしい社会であるように！

二〇〇九年二月

内藤朝雄

講談社現代新書　1984
いじめの構造《こうぞう》——なぜ人《ひと》が怪物《かいぶつ》になるのか
二〇〇九年三月二〇日第一刷発行　二〇二一年一一月一五日第一七刷発行

著　者　内藤《ないとう》朝雄《あさお》

発行者　鈴木章一
発行所　株式会社講談社
東京都文京区音羽二丁目一二—二一　郵便番号一一二—八〇〇一
電　話　〇三—五三九五—三五二一　編集（現代新書）
〇三—五三九五—四四一五　販売
〇三—五三九五—三六一五　業務
装幀者　中島英樹
印刷所　豊国印刷株式会社
製本所　株式会社国宝社
定価はカバーに表示してあります　Printed in Japan

N.D.C.371　266p　18cm
ISBN978-4-06-287984-2

「講談社現代新書」の刊行にあたって

教養は万人が身をもって養い創造すべきものであって、一部の専門家の占有物として、ただ一方的に人々の手もとに配布され伝達されうるものではありません。

しかし、不幸にしてわが国の現状では、教養の重要な養いとなるべき書物は、ほとんど講壇からの天下りや単なる解説に終始し、知識技術を真剣に希求する青少年・学生・一般民衆の根本的な疑問や興味は、けっして十分に答えられ、解きほぐされ、手引きされることがありません。万人の内奥から発した真正の教養への芽ばえが、こうして放置され、むなしく滅びさる運命にゆだねられているのです。

このことは、中・高校だけで教育をおわる人々の成長をはばんでいるだけでなく、大学に進んだり、インテリと目されたりする人々の精神力の健康さえもむしばみ、わが国の文化の実質をまことに脆弱なものにしています。単なる博識以上の根強い思索力・判断力、および確かな技術にささえられた教養を必要とする日本の将来にとって、これは真剣に憂慮されなければならない事態であるといわなければなりません。

わたしたちの「講談社現代新書」は、この事態の克服を意図して計画されたものです。これによってわたしたちは、講壇からの天下りでもなく、単なる解説書でもない、もっぱら万人の魂に生ずる初発的かつ根本的な問題をとらえ、掘り起こし、手引きし、しかも最新の知識への展望を万人に確立させる書物を、新しく世の中に送り出したいと念願しています。

わたしたちは、創業以来民衆を対象とする啓蒙の仕事に専心してきた講談社にとって、これこそもっともふさわしい課題であり、伝統ある出版社としての義務でもあると考えているのです。

一九六四年四月　野間省一

哲学・思想I

66 哲学のすすめ——岩崎武雄
159 弁証法はどういう科学か　三浦つとむ
501 ニーチェとの対話——西尾幹二
871 言葉と無意識——丸山圭三郎
898 はじめての構造主義　橋爪大三郎
916 哲学入門一歩前——廣松渉
921 現代思想を読む事典　今村仁司 編
977 哲学の歴史——新田義弘
989 ミシェル・フーコー　内田隆三
1001 今こそマルクスを読み返す　廣松渉
1286 哲学の謎——野矢茂樹
1293 「時間」を哲学する——中島義道

1315 じぶん・この不思議な存在——鷲田清一
1357 新しいヘーゲル——長谷川宏
1383 カントの人間学——中島義道
1401 これがニーチェだ——永井均
1420 無限論の教室——野矢茂樹
1466 ゲーデルの哲学——高橋昌一郎
1575 動物化するポストモダン　東浩紀
1582 ロボットの心——柴田正良
1600 ハイデガー＝存在神秘の哲学——古東哲明
1635 これが現象学だ——谷徹
1638 時間は実在するか　入不二基義
1675 ウィトゲンシュタインはこう考えた　鬼界彰夫
1783 スピノザの世界——上野修

1839 読む哲学事典——田島正樹
1948 理性の限界——高橋昌一郎
1957 リアルのゆくえ——大塚英志 東浩紀
1996 今こそアーレントを読み直す——仲正昌樹
2004 はじめての言語ゲーム——橋爪大三郎
2048 知性の限界——高橋昌一郎
2050 超解読！ はじめてのヘーゲル『精神現象学』　竹田青嗣 西研
2084 はじめての政治哲学　小川仁志
2099 超解読！ はじめてのカント『純粋理性批判』　竹田青嗣
2153 感性の限界——高橋昌一郎
2169 超解読！ はじめてのフッサール『現象学の理念』——竹田青嗣
2185 死別の悲しみに向き合う——坂口幸弘
2279 マックス・ウェーバーを読む——仲正昌樹

哲学・思想Ⅱ

政治・社会